全国“八五”普法教材

法律明白人

老年人与留守儿童权益保护实用问答

FALÜ MINGBAIREN
LAONIANREN YU LIUSHOU ERTONG QUANYI BAOHU
SHIYONG WENDA

以案普法版

张闻晋 胡翔 著

中国法制出版社
CHINA LEGAL PUBLISHING HOUSE

目录

CONTENTS

第一章　老年人婚姻家庭与社会交往

第二章　老年人消费安全与财产保护

第三章 留守儿童日常生活与家庭教育

第四章　留守儿童校园安全与自我保护

第一章

老年人婚姻家庭与社会交往

1. 不能辨认或者不能完全辨认自己行为的老人，监护人怎么确定?

典型案例

80 岁的李大爷精神矍铄、身体硬朗，与老伴儿刘大娘育有一儿两女。今年年初，老伴儿和长女突然先后离世，李大爷深受打击，记忆力迅速下降，经常丢三落四，后经诊断患上了重度阿尔茨海默病，被认定为限制民事行为能力人。两位子女对谁来担任李大爷的监护人这一问题，各持己见。儿子李甲认为，妹妹李乙耐心细致，应担任父亲的监护人。小女儿李乙则认为自己已嫁到外地，回趟家不方便，哥哥李甲与父亲同村，应担任父亲的监护人。

以案普法

随着年龄的增长，老年人身体各项机能相应减弱。老年人常因身体、精神疾病等原因，不能辨认或者不能完全辨认自己的行为。为保障老年人的合法权益，我国法律设置了监护制度，当老年人不能辨认或者不能完全辨认自己的行为时，由监护人代理实施民事法律行为，保护老年人（被监护人）的人身、财产权利等。对于李大爷这样不能辨认或者不能完全辨认自己行为的老年人，可通过以下方式确定监护人：

（1）法定监护。根据《民法典》第 28 条的规定，无民事行为能力或者限制民事行为能力的成年人的配偶、父母、子女或者其他近亲属等有监护能力的人按顺序担任监护人。李大爷的配偶、父母、长女均已去世，应由具有监护能力的儿子和小女儿担任监护人。

（2）指定监护。案例中李大爷的儿子和小女儿虽都具有监护资格，但对监护人的最终确定存在很大争议。根据《民法典》第 31 条的规定，可由李大爷（被监护人）住所地的村民委员会或者民政部门指定监护人，如果子女对指定不服，可以向法院申请指定监护人。李大爷的子女也可以直接向法院申请指定监护人。

（3）意定监护。根据《民法典》第 33 条的规定，李大爷还可以在自己意识清醒时，与信任的人或者组织协商，事先以书面形式安排解决自身的监护问题。这种情形下，一旦老人丧失或者部分丧失民事行为能力，可直接确定监护人，及时维护自身的合法权益。

法律依据

《中华人民共和国民法典》

第二十八条 无民事行为能力或者限制民事行为能力的成年人，由下列有监护能力的人按顺序担任监护人：

（一）配偶；

（二）父母、子女；

（三）其他近亲属；

（四）其他愿意担任监护人的个人或者组织，但是须经被监护人住所地的居民委员会、村民委员会或者民政部门同意。

第三十一条　对监护人的确定有争议的，由被监护人住所地的居民委员会、村民委员会或者民政部门指定监护人，有关当事人对指定不服的，可以向人民法院申请指定监护人；有关当事人也可以直接向人民法院申请指定监护人。

居民委员会、村民委员会、民政部门或者人民法院应当尊重被监护人的真实意愿，按照最有利于被监护人的原则在依法具有监护资格的人中指定监护人。

依据本条第一款规定指定监护人前，被监护人的人身权利、财产权利以及其他合法权益处于无人保护状态的，由被监护人住所地的居民委员会、村民委员会、法律规定的有关组织或者民政部门担任临时监护人。

……

第三十三条　具有完全民事行为能力的成年人，可以与其近亲属、其他愿意担任监护人的个人或者组织事先协商，以书面形式确定自己的监护人，在自己丧失或者部分丧失民事行为能力时，由该监护人履行监护职责。

2. 独身老年人恋爱再婚需要子女同意吗?

典型案例

陈阿姨与丈夫婚后育有一个女儿。10年前，丈夫因一场交通事故去世，留下陈阿姨和当时还在读高三的女儿。因担心改嫁会影响孩子学习，为了女儿能安心读书，陈阿姨没有再婚，辛苦打工供女儿上完大学。女儿毕业后找到了一份不错的工作，去年结婚后过起了自己的小日子，陈阿姨在村里独自一人生活。同村的刘大叔丧偶多年，平时热心助人，经常帮助陈阿姨干点体力活。两人逐渐互生情愫，陈阿姨有了与刘大叔相伴过日子的想法。可陈阿姨一直不敢告诉女儿，担心万一女儿不同意她再婚可怎么办。

以案普法

近年来，老年人在离婚或者丧偶后谈恋爱又再婚的情况并不鲜见。老人找个老伴儿再婚，双方可以在经济上互相扶持，生活上互相照料，精神上互相慰藉，有利于老年人的身心健康，也能减轻子女的负担。然而实践中，有些子女以担心外人说闲话、财产被分走等为由对自己年迈的父母恋爱再婚持反对意见，有些子女甚至以暴力等方式百般阻挠。根据《民法典》第110条的规定，自然人享有婚姻自主权，老年人也不例外。婚姻自由包括结婚自由和离婚自由，老年人有权自主自愿地决定自己的婚姻问题，丧偶或者离异的老年人是否再婚、与谁结婚应由老年人自主决定，只要是出于双方自愿，并且符合法律的规定，都应受到法律的保护。

需要注意的是，子女如果干涉父母婚姻自由，除了由有关单位进行批评教育之外，还可能承担以下法律责任：(1) 如果子女侵犯老人的婚姻自主权，应承担相应的民事侵权责任；(2) 如果干涉阻挠行为构成违反治安管理的行为，由公安机关依法给予处罚；(3) 如果以暴力手段干涉父母婚姻，还可能构成暴力干涉婚姻自由罪，需承担刑事责任。

因此，子女应理解和支持自己的父母，尊重父母的婚姻权利，不得干涉父母离婚、再婚以及婚后的生活。案例中陈阿姨的丈夫去世多年，现在陈阿姨想恋爱再婚，不需要征得女儿的同意。陈阿姨可以与女儿沟通，坦诚相见，告诉女儿自己真实的想法，处理好自己的婚姻关系和亲子关系。

法律依据

《中华人民共和国民法典》

第一百一十条　自然人享有生命权、身体权、健康权、姓名权、肖像权、名誉权、荣誉权、隐私权、婚姻自主权等权利。

……

第一千零六十九条 子女应当尊重父母的婚姻权利，不得干涉父母离婚、再婚以及婚后的生活。子女对父母的赡养义务，不因父母的婚姻关系变化而终止。

《中华人民共和国老年人权益保障法》

第二十一条 老年人的婚姻自由受法律保护。子女或者其他亲属不得干涉老年人离婚、再婚及婚后的生活。

……

第七十六条 干涉老年人婚姻自由，对老年人负有赡养义务、扶养义务而拒绝赡养、扶养，虐待老年人或者对老年人实施家庭暴力的，由有关单位给予批评教育；构成违反治安管理行为的，依法给予治安管理处罚；构成犯罪的，依法追究刑事责任。

《中华人民共和国刑法》

第二百五十七条 以暴力干涉他人婚姻自由的，处二年以下有期徒刑或者拘役。

犯前款罪，致使被害人死亡的，处二年以上七年以下有期徒刑。

第一款罪，告诉的才处理。

3. 夫妻一方患病，另一方可以不闻不问吗？

典型案例

家住某村的邢大爷和孙大娘已经结婚40年了，婚后没有子女。几年前，邢大爷外出打工挣钱，孙大娘在家中独自生活，邢大爷每月回家住几天。从去年开始，体弱的孙大娘身体健康每况愈下。今年1月，孙大娘被诊断出患有癌症，需要通过化疗等方式治疗。邢大爷得知治疗需花费一大笔医疗费，觉得孙大娘是个累赘，便以工作忙为由再未回家，对孙大娘不闻不问，也不再给孙大娘生活费。六十多岁的孙大娘没有了生活来源，她找到邢大爷，要求邢大爷给些钱让她继续治疗。

以案普法

婚姻是家庭的纽带，家庭是社会的细胞，婚姻关系是否和睦稳固直接影响着社会是否和谐稳定。俗话说，一日夫妻百日恩。从结婚那天开始，夫妻双方就形成了一系列的人身和财产关系。根据《民法典》第1059条第1款的规定，夫妻有相互扶养的义务。可见，夫妻之间同甘共苦、相互扶养不仅是道德上的要求，更是法定的义务。夫妻之间的扶养一般包括经济上的供养、生活上的照顾和精神上的慰藉。夫妻任何一方都有接受和要求对方扶养的权利，同时也负有扶养对方的义务。夫妻双方不能以任何理由拒绝履行这种法定的义务，也不能以协议等形式免除这种义务。

婚姻中，一方如果因年老、患病、丧失劳动能力等无法独立生活，无法维持当地居民一般生活水平，需要扶养时，另一方有义务在能力范围内履行扶养义务，如通过经济帮助等方式让需要扶养的一方摆脱困境。另一方不履行扶养义务时，需要扶养的一方有权要求另一方给付扶养费。需要引起重视的是，根据《刑法》第 261 条的规定，如果负有扶养义务而拒绝扶养，情节恶劣的，还可能构成遗弃罪，负有扶养义务的一方会面临五年以下有期徒刑、拘役或者管制的刑事处罚。而且，刑事责任的承担并不会免除应当承担的扶养义务。

因此，案例中邢大爷与孙大娘之间负有相互扶养的义务，当孙大娘患病时，邢大爷应尽心照顾，不能不闻不问，更不能不支付孙大娘必要的生活费和医疗费，孙大娘有权要求邢大爷支付扶养费。

法律依据

《中华人民共和国民法典》

第一千零五十九条 夫妻有相互扶养的义务。

需要扶养的一方，在另一方不履行扶养义务时，有要求其给付扶养费的权利。

《中华人民共和国刑法》

第二百六十一条 对于年老、年幼、患病或者其他没有独立生活能力的人，负有扶养义务而拒绝扶养，情节恶劣的，处五年以下有期徒刑、拘役或者管制。

4. 父亲未尽抚养义务，子女可否以此为由拒绝赡养？

典型案例

孙大爷与前妻育有两个女儿。25 年前孙大爷外出做生意失败，后与妻子感情破裂，双方协议离婚，约定两个未成年的女儿由妻子抚养，孙大爷每年各给女儿抚养费 3500 元，直至两个女儿成年为止。然而离婚后，孙大爷未支付过两个女儿的抚养费，也未探望过两个女儿。两个女儿由母亲独自抚养成人。今年，62 岁的孙大爷突发脑梗，花了不少医药费，且留下后遗症，行动不便，生活日益困难。孙大爷通过村委多次与两个女儿联系沟通，希望两个女儿能给点生活费，照顾自己。但两个女儿以孙大爷未尽到抚养义务为由拒绝赡养。

以案普法

赡养父母是中华民族的传统美德，也是成年子女的法定义务。根据《民法典》第 26 条、第 1067 条的规定，成年子女对父母负有赡养义务，如果不履行赡养义务，缺乏劳动能力或者生活困难的父母可以要求子女给付赡养费。然而，家家有本难念的经。实践中，在某些情况下，当父母要求子女尽赡养义务时，子女以放弃继承家产或者父母未尽抚养义务等为由拒绝赡养父母。我国《老年人权益保障法》第19条明确规定，赡养人不得以放弃继承权或者其他理由，拒绝履行赡养义务。这是因为，子女与父母之间血浓于水，不能简单以等价有偿的理念衡量这种特殊的身份关系。因此，成年子女对父母赡养扶助的义务具有法律强制性，不以父母是否履行抚养教育义务为前提，也不以子女是否放弃继承权为条件，子女不能以任何理由拒绝履行赡养义务。案例中，孙大爷在两个女儿未成年时未尽到抚养、教育和保护的义务，两个女儿未成年时可以向父亲孙大爷主张履行抚养义务或支付抚养费，但不能在成年后以父亲未尽到抚养义务为由拒绝赡养父亲。

需要注意的是，根据《民法典》第1067条、《老年人权益保障法》第76条以及《刑法》第261条的规定，子女如果拒绝赡养父母，可能承担以下法律责任：（1）承担给付赡养费等民事责任；（2）如果构成违反治安管理的行为，由公安机关依法给予处罚；（3）情节恶劣的，可能构成遗弃罪，承担相应的刑事责任。

法律依据

《中华人民共和国民法典》

第二十六条 ……

成年子女对父母负有赡养、扶助和保护的义务。

第一千零六十七条 ……

成年子女不履行赡养义务的，缺乏劳动能力或者生活困难的父母，有要求成年子女给付赡养费的权利。

《中华人民共和国老年人权益保障法》

第十九条 赡养人不得以放弃继承权或者其他理由，拒绝履行赡养义务。

赡养人不履行赡养义务，老年人有要求赡养人付给赡养费等权利。

……

第七十六条 干涉老年人婚姻自由，对老年人负有赡养义务、扶养义务而拒绝赡养、扶养，虐待老年人或者对老年人实施家庭暴力的，由有关单位给予批评教育；构成违反治安管理行为的，依法给予治安管理处罚；构成犯罪的，依法追究刑事责任。

《中华人民共和国刑法》

第二百六十一条 对于年老、年幼、患病或者其他没有独立生活能力的人，负有扶养义务而拒绝扶养，情节恶劣的，处五年以下有期徒刑、拘役或者管制。

5. 继子女对继父母是否有赡养义务？

典型案例

1998 年 3 月，钱大爷与李阿姨结婚，李阿姨当时带着 11 岁的儿子李甲与钱大爷共同生活。婚后，钱大爷与李阿姨没有再生育子女。钱大爷将李甲视如己出，与李阿姨一起将李甲抚养成人，一家三口其乐融融。李甲考上大学后在外地成家立业，逢年过节也会带着妻儿看望父母。今年年初，李阿姨因病去世。办完丧事后，李甲再也没有看望过钱大爷，也没有给钱大爷生活费。钱大爷找到李甲，说自己体弱多病，无生活来源，问李甲是否可以抽空看望自己，每月给点生活费。可李甲却说，钱大爷是继父，双方没有血缘关系，母亲已去世，自己没有义务赡养钱大爷。

以案普法

继父母子女关系是指生父或者生母一方再婚，子女与继父母之间形成的关系。根据《民法典》第 1067 条、第 1072 条第 2 款的规定，继子女对继父母是否有赡养义务，以继父母是否对继子女进行了抚养教育为前提。具体而言，分为两种情况：（1）如果再婚时继子女已成年，或者继父母因种种原因未抚养教育未成年继子女，双方之间形成的是姻亲关系，未受继父母抚养教育的继子女，没有赡养继父母的法定义务；（2）如果继子女在未成年时与继父母共同生活，受其抚养教育，双方之间形成拟制血亲关系，产生父母子女权利义务关系。后一种情况下，成年的继子女负有赡养继父母的法定义务。而且，继父母与继子女之间如果已形成抚养关系，这种抚养关系不以婚姻关系存在为前提。即使继父母与生父母已离婚，在继父母年老体弱时，成年的继子女也应赡养曾抚育自己的继父母。

案例中，李甲在考上大学前随母亲与钱大爷共同生活7年，钱大爷在李甲生活学习成长过程中进行了抚养教育，继父钱大爷与受其抚养教育的继子李甲之间的权利义务关系适用《民法典》关于父母子女关系的规定。因此，李甲对钱大爷负有法定的赡养、扶助和保护的义务。

法律依据

《中华人民共和国民法典》

第二十六条　父母对未成年子女负有抚养、教育和保护的义务。

成年子女对父母负有赡养、扶助和保护的义务。

第一千零六十七条　父母不履行抚养义务的，未成年子女或者不能独立生活的成年子女，有要求父母给付抚养费的权利。

成年子女不履行赡养义务的，缺乏劳动能力或者生活困难的父母，有要求成年子女给付赡养费的权利。

第一千零七十二条　继父母与继子女间，不得虐待或者歧视。

继父或者继母和受其抚养教育的继子女间的权利义务关系，适用本法关于父母子女关系的规定。

6. 子女可以不回家看望父母吗？

典型案例

吴大爷今年 70 岁，与前妻育有一儿一女，子女们在外地工作，均已成家。10 年前与妻子离婚后，吴大爷未再婚，独自生活至今。儿子和女儿成家后，每月给吴大爷 500 元生活费，但很少回家看望吴大爷，至今已有三年未回过家。吴大爷今年身体状况大不如前，又长期见不到子女，感到很孤独。吴大爷要求子女们常回家看看他，可子女们觉得自己工作太忙、离家又远，定期给父亲吴大爷赡养费，已尽到了赡养义务，父亲的要求有点过分。吴大爷很无奈，不知道该如何维护自己的合法权益。

以案普法

父母含辛茹苦将子女抚养成人，子女成年后应承担起照顾父母的责任，因此，赡养老人是每个成年子女应尽的法律义务。很多人认为，向父母支付生活费就是尽赡养义务。但随着年龄的增长，老人对子女情感上愈加依赖，更渴望子女能多陪伴。根据《老年人权益保障法》第 14 条和第 18 条的规定，赡养包括物质赡养、生活照料和精神赡养。因此，赡养方式并不是仅有给付赡养费一种，除了对年老的父母经济上帮助以外，还需要对老人生活上照顾、精神上慰藉。与老年人分开居住的子女，应照顾年迈父母的特殊需要，在力所能及的情况下，经常问候、看望、陪伴父母，对父母生活及精神上给予关爱。

案例中，吴大爷的子女仅给父亲提供必要的生活费，并未完全尽到赡养义务。即使在外地工作生活，子女也需要尽可能地在生活中关心吴大爷，在精神层面满足吴大爷的需求。吴大爷多次要求子女回家看望，而子女拒绝看望。此时，吴大爷可以申请法律援助、申请人民调解委员会或者其他有关组织进行调解，也可以直接向法院提起诉讼，要求子女回家看望、陪伴，维护自身的合法权益。

法律依据

《中华人民共和国民法典》

第二十六条　……

成年子女对父母负有赡养、扶助和保护的义务。

《中华人民共和国老年人权益保障法》

第十三条　老年人养老以居家为基础，家庭成员应当尊重、关心和照料老年人。

第十四条　赡养人应当履行对老年人经济上供养、生活上照料和精神上慰藉的义务，照顾老年人的特殊需要。

……

第十八条　家庭成员应当关心老年人的精神需求，不得忽视、冷落老年人。

与老年人分开居住的家庭成员，应当经常看望或者问候老年人。

……

7. 未立遗嘱，老人去世后，遗产如何处理？

典型案例

李大爷和妻子刘阿姨结婚后先后育有儿子李甲、女儿李乙。李甲与李乙成年后，分别于2010年、2011年成家。儿子李甲与儿媳陈圆圆结婚后，由于身体原因一直未生育子女。2015年的某天，李大爷和李甲因交通意外突然离世。刘阿姨深受打击，卧病在床，于2021年去世。李甲和李大爷去世后，儿媳陈圆圆与女儿李乙一直轮流照料着刘阿姨的生活起居。刘阿姨患病卧床后，儿媳陈圆圆和女儿李乙不辞劳苦，悉心照顾，直至刘阿姨病故。刘阿姨未立遗嘱，刘阿姨去世后留有老宅3间房屋和4万元存款。

以案普法

当人年老去世后，生前的合法财产需要按照遗产来进行处理。通常来说，遗产可以通过法定继承、遗嘱继承或者遗赠来处理。法定继承是指继承人按照法律的规定继承，遗嘱继承是指继承人按照被继承人生前的遗嘱继承，遗赠是指自然人以遗嘱方式将自己合法财产赠送给法定继承人以外的人或者国家、集体组织。案例中，刘阿姨在世时未立遗嘱，留下的房屋和存款应按照法律规定的继承人范围、顺序和分配原则进行继承。

我国《民法典》第1127条规定法定继承时需按顺序继承，第一顺序继承人为配偶、子女、父母，第二顺序继承人为兄弟姐妹、祖父母、外祖父母。需要注意的是，同一顺序内，各继承人的继承权平等，不分先后。不同顺序的继承人不能同时继承，当被继承人有第一顺序继承人时，先由第一顺序继承人继承，第二顺序继承人不能继承；只有在没有第一顺序继承人或者第一顺序继承人全部放弃或丧失继承权时，第二顺序继承人才能继承。同时，《民法典》第1129条对第一顺序继承人进行了特别规定，如果丧偶儿媳对公婆，丧偶女婿对岳父母，尽了主要赡养义务，可以作为第一顺序继承人。案例中，刘阿姨的父母早已不在世，儿子李甲和丈夫李大爷也先于刘阿姨去世，儿媳陈圆圆与女儿李乙轮流照顾刘阿姨，尽了主要赡养义务，这种情形下，儿媳和女儿均为第一顺序继承人。因此，刘阿姨的遗产应由女儿李乙和儿媳陈圆圆各自继承一半。

法律依据

《中华人民共和国民法典》

第一千一百二十三条　继承开始后，按照法定继承办理；有遗嘱的，按照遗嘱继承或者遗赠办理；有遗赠扶养协议的，按照协议办理。

第一千一百二十七条 遗产按照下列顺序继承：

（一）第一顺序：配偶、子女、父母；

（二）第二顺序：兄弟姐妹、祖父母、外祖父母。

继承开始后，由第一顺序继承人继承，第二顺序继承人不继承；没有第一顺序继承人继承的，由第二顺序继承人继承。

本编所称子女，包括婚生子女、非婚生子女、养子女和有扶养关系的继子女。

本编所称父母，包括生父母、养父母和有扶养关系的继父母。

本编所称兄弟姐妹，包括同父母的兄弟姐妹、同父异母或者同母异父的兄弟姐妹、养兄弟姐妹、有扶养关系的继兄弟姐妹。

第一千一百二十九条 丧偶儿媳对公婆，丧偶女婿对岳父母，尽了主要赡养义务的，作为第一顺序继承人。

第一千一百三十条 同一顺序继承人继承遗产的份额，一般应当均等。

……

8. 老人去世后留有多份遗嘱，哪份遗嘱有效？

典型案例

85岁的老张有自建房屋5间和10万元存款，膝下有一儿一女。老张年事已高想立遗嘱提前处理好身后事，但老张只会写自己的名字，于是在村委会主任、村支书的见证下，老张让邻居代写了一份遗嘱，把所有房子和5万元存款给儿子，5万元存款给女儿。一天，老张摔跤受伤，女儿悉心照顾，儿子却嫌弃老张。老张很心寒，又在两位村民的见证下立了打印遗嘱，将3间房屋给儿子，剩下的财产给女儿。老张去世后，子女收拾遗物时发现了两份内容不同的遗嘱。

以案普法

实践中，老人通过立遗嘱的方式处分自己财产、提前处理身后事，是很常见的。然而，由于种种原因，有的老人在生前立下多份形式不同且内容不同的遗嘱。这种情形下，需要先判断遗嘱是否有效。一般来说，遗嘱有效需具备以下要件：

（1）实质要件。立遗嘱人需要具备完全民事行为能力，遗嘱的内容体现立遗嘱人的真实意思且需合法。

（2）形式要件。不同形式的遗嘱，具体要件不同：

①自书遗嘱，须由遗嘱人亲笔书写遗嘱的内容、签名，注明年、月、日；②代书遗嘱，须有两个以上见证人在场，其中一人代书，遗嘱人、代书人和其他见证人均须签名，注明年、月、日；③打印遗嘱，须有两个以上见证人在场，遗嘱人、见证人均须在遗嘱每一页签名，注明年、月、日；④录音录像遗嘱，须有两个以上见证人在场，遗嘱人、见证人均应在录音录像中记录姓名或者肖像和年、月、日；⑤口头遗嘱，危急时才能订立口头遗嘱，且须有两个以上见证人在场；⑥公证遗嘱，须由遗嘱人本人经公证机构办理。需要注意的是，继承人、与继承人有利害关系的人、不具有见证能力的人不能作为遗嘱见证人，否则会影响遗嘱的效力。

在多份遗嘱均有效的情况下，遗嘱以最后一份为准。案例中的老张留下代书遗嘱和打印遗嘱，这两份遗嘱都是有效的，打印遗嘱是后一份遗嘱，应以打印遗嘱的内容为准。

法律依据

《中华人民共和国民法典》

第一千一百三十四条　自书遗嘱由遗嘱人亲笔书写，签名，注明年、月、日。

第一千一百三十五条　代书遗嘱应当有两个以上见证人在场见证，由其中一人代书，并由遗嘱人、代书人和其他见证人签名，注明年、月、日。

第一千一百三十六条　打印遗嘱应当有两个以上见证人在场见证。遗嘱人和见证人应当在遗嘱每一页签名，注明年、月、日。

第一千一百三十七条　以录音录像形式立的遗嘱，应当有两个以上见证人在场见证。遗嘱人和见证人应当在录音录像中记录其姓名或者肖像，以及年、月、日。

第一千一百三十八条　遗嘱人在危急情况下，可以立口头遗嘱。口头遗嘱应当有两个以上见证人在场见证。危急情况消除后，遗嘱人能够以书面或者录音录像形式立遗嘱的，所立的口头遗嘱无效。

第一千一百三十九条　公证遗嘱由遗嘱人经公证机构办理。

第一千一百四十二条　……

立有数份遗嘱，内容相抵触的，以最后的遗嘱为准。

9. 农村老人与自家侄子签订遗赠扶养协议，但侄子却不照顾老人，该怎么办?

典型案例

80岁的段大爷没有子女，老伴儿去世多年，段大爷一直独自生活。从去年开始，段大爷的身体越来越差。为了生活有依靠，段大爷与自家侄子小段签了一份遗赠扶养协议，约定小段赡养段大爷，段大爷去世后将房子赠与侄子小段。一开始，小段还能做到细心照料段大爷的生活起居。没过多久，段大爷摔倒后卧床养伤，侄子小段开始厌烦抱怨，不再照顾他。段大爷不知道该怎么办。

以案普法

生活中，一些没有子女或者子女在外地无法尽赡养义务的老人，为了保障自己老有所养，选择与继承人以外的个人或者组织签订遗赠扶养协议，约定扶养人承担自己生养死葬的义务，自己所有的合法财产在自己死后转归扶养人所有。根据《民法典》第1123条、第1158条的规定，遗赠扶养协议是自然人生前对其死亡后遗产的一种处理方式，具有优先于法定继承和遗嘱继承的效力。遗赠扶养协议本质上属于民事合同，一经签订，双方必须严格遵守。从内容来看，遗赠人和扶养人互相享有权利和负担义务，遗赠人享有接受扶养的权利，同时负有将遗产遗赠给扶养人的义务，而扶养人取得遗产需以履行生养死葬等扶养义务为前提。

但现实生活中，有的扶养人并未按协议约定履行扶养义务，有些甚至以不当或者非法手段谋取遗赠人的财产。根据《最高人民法院关于适用〈中华人民共和国民法典〉继承编的解释（一）》第40条的规定，如果扶养人无正当理由不履行遗赠扶养协议，遗赠人有权解除协议，扶养人不再享有受遗赠的权利，其支付的供养费用一般也不再补偿。案例中，小段无正当理由不履行遗赠扶养协议，段大爷可以解除该协议。

法律依据

《中华人民共和国民法典》

第一千一百二十三条　继承开始后，按照法定继承办理；有遗嘱的，按照遗嘱继承或者遗赠办理；有遗赠扶养协议的，按照协议办理。

第一千一百五十八条　自然人可以与继承人以外的组织或者个人签订遗赠扶养协议。按照协议，该组织或者个人承担该自然人生养死葬的义务，享有受遗赠的权利。

《最高人民法院关于适用〈中华人民共和国民法典〉继承编的解释（一）》

第四十条　继承人以外的组织或者个人与自然人签订遗赠扶养协议后，无正当理由不履行，导致协议解除的，不能享有受遗赠的权利，其支付的供养费用一般不予补偿；遗赠人无正当理由不履行，导致协议解除的，则应当偿还继承人以外的组织或者个人已支付的供养费用。

10. 老人遭受保姆虐待，该怎么办？

典型案例

郭大娘的老伴儿去世多年，去年郭大娘患病后手臂麻木无力，生活不能自理，需要有人时刻照顾她。儿子和女儿都在外地工作，没时间回家照顾她。于是，儿子李甲经人介绍请了保姆崔阿姨照料郭大娘的生活。起初，崔阿姨很勤快，照顾得很周到。一个多月后，儿子李甲回家发现郭大娘身上有很多瘀青。在儿子的再三追问下，郭大娘才支支吾吾地说崔阿姨不给自己东西吃，而且还经常打骂她。

以案普法

现代社会很多年轻人忙于工作，无暇亲自照顾父母，因此，请保姆照料自己年迈父母的人越来越多。然而，保姆虐待老人的事件频频发生，对老年人的身体和心理健康造成了严重伤害。遇到保姆打骂自己，不少老人由于种种原因不能、不敢、不想说出被打骂的经过，导致无法及时维护自身合法权益。子女要做到从源头上避免或者减少虐待事件的发生。首先，聘用保姆照顾老人时，要看保姆的人品、性格等，考察保姆是否善良、靠谱。其次，子女不要把照顾老人的责任都交给保姆，也要经常回家看望老人，了解老人的近况，减少老人受伤害的机会。

老人如果像案例中的郭大娘那样遭受保姆虐待，可从以下方面着手维权：（1）与子女沟通，子女应慢慢引导父母说出事情经过，及时去医院治疗，帮助父母搜集和保留录音、录像、病历证明等证据。（2）老人如果不方便起诉，可以委托子女作为代理人，向法院起诉要求保姆承担侵权责任；如果保姆属于家政公司的员工，应将家政公司诉至法院，根据《民法典》第 1191 条的规定，家政公司应承担侵权赔偿责任。(3) 向公安机关报案，如果打骂虐待构成违反治安管理的行为，可要求公安机关依法对保姆进行拘留、罚款；保姆如果行为情节恶劣，可能构成虐待被看护人罪，将承担相应的刑事责任。

法律依据

《中华人民共和国民法典》

第一千一百六十五条　行为人因过错侵害他人民事权益造成损害的，应当承担侵权责任。

……

第一千一百九十一条　用人单位的工作人员因执行工作任务造成他人损害的，由用人单位承担侵权责任。用人单位承担侵权责任后，可以向有故意或者重大过失的工作人员追偿。

……

《中华人民共和国治安管理处罚法》

第四十三条　……

有下列情形之一的，处十日以上十五日以下拘留，并处五百元以上一千元以下罚款：

……

（二）殴打、伤害残疾人、孕妇、不满十四周岁的人或者六十周岁以上的人的；

……

《中华人民共和国刑法》

第二百六十条之一　对未成年人、老年人、患病的人、残疾人等负有监护、看护职责的人虐待被监护、看护的人，情节恶劣的，处三年以下有期徒刑或者拘役。

单位犯前款罪的，对单位判处罚金，并对其直接负责的主管人员和其他直接责任人员，依照前款的规定处罚。

……

11. 农村老人为他人盖房时不慎摔伤，由谁承担责任？

典型案例

63 岁的杨大爷是位泥瓦匠，手艺精湛，主要从事砌砖盖瓦、建房搭屋等工作。今年，同村小程家翻盖房子，请来杨大爷干活，干一天 200 元。一天，杨大爷边抽烟边干活，结果不慎从脚手架上摔了下来，住院治疗了半个月，花去各项费用 2 万元。杨大爷伤好后，要求小程赔偿损失。而小程觉得杨大爷不小心摔伤，与自己没有关系，不应该承担责任。杨大爷的损失究竟应由谁承担？

以案普法

出于攒点积蓄、减轻儿女负担等想法，很多老年人在身体条件允许的情况下选择继续打工挣钱。然而，老人工作中受伤的事件频频发生。遇到这种情况，应该由谁承担赔偿责任，是大家关心的话题。案例中，杨大爷为小程盖房，杨大爷与小程之间存在个人劳务关系，从法律上讲，杨大爷是提供劳务一方，小程是接受劳务一方。实践中，提供劳务一方除了像杨大爷这样自己受到损害之外，还可能因第三人侵权而受到损害。我国《民法典》第1192条对个人劳务关系情形下，提供劳务一方受到损害时责任承担问题进行了规定，具体分为以下两种情形：

（1）如果提供劳务一方因劳务使自己受到损害，如摔伤等，提供劳务一方与接受劳务一方根据各自的过错程度承担相应的责任。案例中，杨大爷在脚手架上边抽烟边干活，自身未尽到谨慎注意义务，存在一定的过错。小程作为接受劳务一方在杨大爷干活时也没有尽到安全保障义务，对损害的发生也存在一定的过错。因此，小程和杨大爷都应当承担一定比例的责任。

（2）如果提供劳务一方因第三人的侵权行为受到损害，如被撞伤等，第三人作为侵权人应当承担侵权责任。但生活中，常常会遇到找不到侵权人或者侵权人暂时没有能力赔偿的情况，为了防止这种情形导致提供劳务一方得不到及时救济，《民法典》第1192条第2款规定提供劳务一方可以请求接受劳务一方进行补偿。接受劳务一方的补偿责任具有垫付性质，接受劳务一方补偿后，可以向侵权人追偿。

因此，农村老人在为他人提供劳务时，要注意自身安全防范，尽可能地谨慎注意，避免损害发生。

法律依据

《中华人民共和国民法典》

第一千一百九十二条 个人之间形成劳务关系，提供劳务一方因劳务造成他人损害的，由接受劳务一方承担侵权责任。接受劳务一方承担侵权责任后，可以向有故意或者重大过失的提供劳务一方追偿。提供劳务一方因劳务受到损害的，根据双方各自的过错承担相应的责任。

提供劳务期间，因第三人的行为造成提供劳务一方损害的，提供劳务一方有权请求第三人承担侵权责任，也有权请求接受劳务一方给予补偿。接受劳务一方补偿后，可以向第三人追偿。

12. 老人帮邻居卸玉米受伤，由谁承担责任？

典型案例

赵大爷今年65岁，是个热心肠，只要邻里街坊需要帮助，赵大爷就想尽办法去帮忙。一天，赵大爷出门散步时看见隔壁高大爷正在卸玉米，与高大爷短聊两句后，赵大爷便上前帮忙。结果在卸玉米的过程中，赵大爷不小心脚部受伤，卧床治疗了两个月，花了 3 万元。养伤期间，赵大爷很困惑，自己的损失应该由谁赔偿呢？

以案普法

日常生活中，亲朋好友、邻里之间相互帮忙是常事，这种友爱互助行为是社会主义核心价值观所提倡的。但在帮助他人过程中，有时会发生意外。案例中，赵大爷无偿帮高大爷卸玉米，双方形成帮工关系。《最高人民法院关于审理人身损害赔偿案件适用法律若干问题的解释》（以下简称《人身损害赔偿司法解释》）第 5 条对帮工人在帮工活动中因意外事故、第三人侵权等原因而受到人身损害的责任承担问题进行了规定。从帮工人受到伤害的原因来看，责任承担分为以下两种形式：

（1）如果帮工人因帮工活动受到人身损害，帮工人与被帮工人根据各自过错承担相应的责任。案例中，赵大爷无偿帮忙，高大爷是受益人，如果由赵大爷自己承担损失，对赵大爷不公平，赵大爷在卸玉米的过程中不慎受伤，高大爷也没有及时提醒，双方都有过错，赵大爷和高大爷应根据各自的过错承担责任。此外，如果被帮工人已经明确拒绝了帮工人的帮工请求，而帮工人仍执意帮工，这种情形下，帮工人如果发生意外造成人身损害，被帮工人不承担侵权赔偿责任。但毕竟帮工人帮工的目的不是使自己获得利益，而是使被帮工人受益，被帮工人作为被帮助的受益一方，可以在受益范围内对受到伤害的帮工人进行适当补偿。

（2）如果帮工人在帮工活动中因第三人的侵权行为遭受人身损害，应由第三人承担侵权赔偿责任。为了更好地保障帮工人的合法权益，《人身损害赔偿司法解释》第 5 条第 2 款规定了帮工人有权请求被帮工人进行适当补偿。被帮工人补偿后，可以向第三人追偿。

因此，帮工人在帮工过程中自身应尽到安全防范的注意义务，被帮工人也要尽可能地为帮工人提供安全防护措施和环境，保证帮工人在帮工活动中的安全，避免或者减少损害发生。

法律依据

《最高人民法院关于审理人身损害赔偿案件适用法律若干问题的解释》

第五条 无偿提供劳务的帮工人因帮工活动遭受人身损害的，根据帮工人和被帮工人各自的过错承担相应的责任；被帮工人明确拒绝帮工的，被帮工人不承担赔偿责任，但可以在受益范围内予以适当补偿。

帮工人在帮工活动中因第三人的行为遭受人身损害

的，有权请求第三人承担赔偿责任，也有权请求被帮工人予以适当补偿。被帮工人补偿后，可以向第三人追偿。

13. 邻居排水导致自家房屋受潮，可以堵邻居排水管道吗？

典型案例

崔大爷与罗大爷是某村前后院的邻居，两家均未配备下水道设施。20 年来崔大爷家院子的排水按照自然流向和习惯通过排水管排至罗大爷家院子的后墙排水沟内，双方相安无事。去年，崔大爷翻修房屋，将房屋垫高并将院内土地铺为水泥地。翻修房屋后，罗大爷一家表示因崔大爷家排水导致自家房屋受潮，不让崔大爷继续排水，要求其改排水管道。崔大爷不同意。双方协商不成，经常因此事争吵。一天，罗大爷用水泥堵住了崔大爷家的排水管道，至今未疏通。

以案普法

相邻关系是我国农村重要的法律关系，与村民的生活密切相关，涉及村民切身利益。相邻关系是指相互毗邻不动产的所有人或使用人之间在行使所有权或者使用权时，如用水、排水、通行、通风、采光、日照等，相邻各方形成的相互给予便利或者接受限制而产生的权利义务关系。

俗话说“远亲不如近邻”，相邻各方应与邻为善，团结互助，互谅互让，在享受权利的同时，也应承担一定的义务。根据《民法典》第 288 条的规定，在处理相邻关系时，不动产的相邻权利人应当遵循有利生产、方便生活、团结互助、公平合理的原则。因此，案例中罗大爷一家应当为崔大爷家排水提供必要的便利，崔大爷在排水的同时也应当尽量避免对罗大爷一家造成损害。

需要注意的是，如果相邻权利人对相邻的不动产权利人造成损害，应当根据《民法典》第 179 条的规定，承担停止侵害、排除妨碍、赔偿损失等民事责任。案例中，罗大爷将崔大爷家的排水管堵住，侵害了崔大爷的合法权益，应当承担停止侵害、疏通排水管道等责任。同时，崔大爷应通过安装弯头等方式，将出水排到地面，将对罗大爷家房屋的损害降到最低。

法律依据

《中华人民共和国民法典》

第一百七十九条 承担民事责任的方式主要有：

（一）停止侵害；

（二）排除妨碍；

（三）消除危险；

（四）返还财产；

（五）恢复原状；

（六）修理、重作、更换；

（七）继续履行；

（八）赔偿损失；

（九）支付违约金；

（十）消除影响、恢复名誉；

（十一）赔礼道歉。

……

第二百八十八条　不动产的相邻权利人应当按照有利生产、方便生活、团结互助、公平合理的原则，正确处理相邻关系。

第二百八十九条　法律、法规对处理相邻关系有规定的，依照其规定；法律、法规没有规定的，可以按照当地习惯。

第二百九十条　不动产权利人应当为相邻权利人用水、排水提供必要的便利。

对自然流水的利用，应当在不动产的相邻权利人之间合理分配。对自然流水的排放，应当尊重自然流向。

第二百九十六条　不动产权利人因用水、排水、通行、铺设管线等利用相邻不动产的，应当尽量避免对相邻的不动产权利人造成损害。

14. 老人骑电动摩托车未戴头盔，不配合交警检查，并辱骂殴打交警，有哪些法律后果？

典型案例

64岁的程大爷骑着电动摩托车经过某路段，因未佩戴头盔被交警拦下，交警告知程大爷相关法律法规规定，准备对程大爷处以20元罚款。交警开具罚单时，程大爷突然从交警手中抢过罚单撕碎扔在地上，并大喊大叫，与交警争吵起来。交警要求程大爷道歉，程大爷拒绝道歉并用手拍打执法记录仪，对交警乱踢乱打，朝交警手臂咬去，造成交警手臂多处受伤。

以案普法

电动摩托车具有方便快捷等优点，很多老人出行时选择骑电动摩托车。由于安全意识不强，骑电动摩托车时不佩戴头盔的情况屡见不鲜。然而，交通事故中，头盔戴与不戴直接关乎性命。为保障大家出行安全，交警会对头盔佩戴情况进行执法检查。路上遇到交警执勤时，应当主动配合检查。交警执法检查是在依法履行职责，如果对交警作出的行政处罚决定不服，根据《行政处罚法》第73条的规定，可以申请行政复议或者提起行政诉讼，不要因为一时冲动做出辱骂、殴打等过激行为。

案例中程大爷不配合执法检查、辱骂殴打交警，可能会承担以下法律责任：（1）民事责任。根据《民法典》第1165条的规定，如果对交警造成人身损害，将会承担赔偿损失等侵权责任。(2）行政责任。根据《治安管理处罚法》第50条的规定，如果阻碍执法，将面临警告或者二百元以下罚款的治安管理处罚；情节严重的，处五日以上十日以下拘留，可以并处五百元以下罚款。(3）刑事责任。根据《刑法》第277条的规定，以暴力、威胁方法阻碍执法可能构成妨害公务罪，将面临三年以下有期徒刑、拘役、管制或者罚金的刑事处罚。

法律依据

《中华人民共和国民法典》

第一千一百六十五条　行为人因过错侵害他人民事权益造成损害的，应当承担侵权责任。

……

《中华人民共和国治安管理处罚法》

第五十条　有下列行为之一的，处警告或者二百元以下罚款；情节严重的，处五日以上十日以下拘留，可以并处五百元以下罚款：

……

（二）阻碍国家机关工作人员依法执行职务的；

……

《中华人民共和国刑法》

第二百七十七条 以暴力、威胁方法阻碍国家机关工作人员依法执行职务的，处三年以下有期徒刑、拘役、管制或者罚金。

……

《中华人民共和国道路交通安全法》

第五十一条 机动车行驶时，驾驶人、乘坐人员应当按规定使用安全带，摩托车驾驶人及乘坐人员应当按规定戴安全头盔。

《中华人民共和国行政处罚法》

第七十三条 当事人对行政处罚决定不服，申请行政复议或者提起行政诉讼的，行政处罚不停止执行，法律另有规定的除外。

……

第二章

老年人消费安全与财产保护

1. 老人使用新买的水稻种子造成绝收，该怎么办？

典型案例

村民老冯在镇上从事水稻等种子销售业务，种子主要从某制种公司购进。邻村种植大户梁大爷在老冯经营的商店购买了60斤水稻种子（无种子名称、无说明书、无包装标签）。梁大爷收到种子后，进行浸种、播种、人工移栽，共插20亩水田。结果，梁大爷种植的20亩稻田禾苗大部分卡颈抽穗不出，造成绝收。当地农业农村局经调查发现绝收原因是梁大爷购买的种子为无名水稻品种，质量不合格，生育期不明，梁大爷购买时已超过了该品种的最迟播期。

以案普法

种子是重要的农业生产物资，种子质量的好坏直接关乎农民的切身利益。我国对主要农作物实行品种审定制度，未经审定的品种，不得进行推广、销售。从事主要农作物杂交种子及其亲本种子等经营业务，应当取得生产经营许可证，禁止任何单位和个人无种子生产经营许可证从事种子的生产、经营活动。种子应当符合国家或者行业标准，附有标签和使用说明。

农民购买并使用的种子如果存在质量不合格或者无产

品说明书等问题，可能会导致农田减产甚至绝收，造成农民经济损失。然而，种子从生产厂家到农民手中需要经过多个环节，遭受损失的农民在维权时，种子生产者、销售者等主体常常互相推诿，给农民维权带来困难。根据《民法典》第1202条、第1203条和《种子法》第45条、第48条的规定，如果像案例中梁大爷那样购买使用假、劣种子后造成损失，农民作为种子使用者可以向种子生产者要求赔偿，也可以向种子销售者要求赔偿，还可以向农业农村主管部门等举报，要求协调解决损失赔偿。

法律依据

《中华人民共和国种子法》

第四十条 销售的种子应当符合国家或者行业标准，附有标签和使用说明。标签和使用说明标注的内容应当与销售的种子相符。种子生产经营者对标注内容的真实性和种子质量负责。

……

第四十五条 种子使用者因种子质量问题或者因种子的标签和使用说明标注的内容不真实，遭受损失的，种子使用者可以向出售种子的经营者要求赔偿，也可以向种子生产者或者其他经营者要求赔偿。赔偿额包括购种价款、可得利益损失和其他损失。属于种子生产者或者其他经营者责任的，出售种子的经营者赔偿后，有权向种子生产者或者其他经营者追偿；属于出售种子的经营者责任的，种子生产者或者其他经营者赔偿后，有权向出售种子的经营者追偿。

第四十八条　禁止生产经营假、劣种子。农业农村、林业草原主管部门和有关部门依法打击生产经营假、劣种子的违法行为，保护农民合法权益，维护公平竞争的市场秩序。

……

《中华人民共和国民法典》

第一千二百零二条　因产品存在缺陷造成他人损害的，生产者应当承担侵权责任。

第一千二百零三条　因产品存在缺陷造成他人损害的，被侵权人可以向产品的生产者请求赔偿，也可以向产品的销售者请求赔偿。

产品缺陷由生产者造成的，销售者赔偿后，有权向生产者追偿。因销售者的过错使产品存在缺陷的，生产者赔偿后，有权向销售者追偿。

2. 老人购买化肥支付订金后，卖方不交货，可以要求卖方双倍返还订金吗？

典型案例

老李在某村经营化肥生意。邻村老郭因种地需要，准备在老李处购买 1 万元化肥。双方约定老郭先交 3000 元订金，货到后再交尾款。老郭按约定向老李支付了3000元，老李向老郭出具一张收条，载明："今收到老郭买化肥订金3000元……"结果，老李未按约定的日期交货。老郭怕错过最佳农耕时节，再三催促老李交货，可老李仍未交货。老郭听儿子小郭说，已经交了3000元订金，如果老李不交货，可以要求老李双倍返还订金。

以案普法

农村老人在农业生产过程中，常常因购买化肥等与他人发生经济往来。然而，很多人经常混淆"定金"和"订金"的概念，由此产生诸多纠纷，造成不必要的经济损失。事实上，"定金"与"订金"并不是同一概念。

根据《民法典》第586条的规定，当事人可以约定一方向对方给付定金作为债权的担保。可见，定金是保证合同履行的一种担保手段，对合同双方当事人均有担保作用。具体而言，定金是指以担保债权实现为目的，依据法律规定或者双方当事人约定，由一方在合同订立时或者订立后至合同履行之前，预先给付对方一定数额货币的担保形式。定金的数额不能超过合同标的额的20%。根据《民法典》第587条的规定，"定金"的作用主要有两种：一是当合同正常履行时，定金充作价款。二是合同不能正常履行时，定金则作为罚则。如果交付定金方违约，收受方可以主张不退还定金；如果收受方违约，交付方可以主张两倍返还定金。

而“订金”目前法律上没有明确规定，通常而言是指预付款，不具有担保功能。对于“订金”而言，如果收取订金的一方不能履行约定，交付订金的一方只可要求返还订金而不能要求双倍返还。因此，作为买方的农村老人给卖方打款时将款项用途写成“订金”，如果卖方不发货，老人只能要求卖方退还订金，而不能要求双倍返还。案例中，老郭向老李交付的3000元订金属于预付款，老郭不能要求老李双倍返还。

法律依据

《中华人民共和国民法典》

第五百八十六条 当事人可以约定一方向对方给付定金作为债权的担保。定金合同自实际交付定金时成立。

定金的数额由当事人约定；但是，不得超过主合同标的额的百分之二十，超过部分不产生定金的效力。实际交付的定金数额多于或者少于约定数额的，视为变更约定的定金数额。

第五百八十七条 债务人履行债务的，定金应当抵作价款或者收回。给付定金的一方不履行债务或者履行债务不符合约定，致使不能实现合同目的的，无权请求返还定金；收受定金的一方不履行债务或者履行债务不符合约定，致使不能实现合同目的的，应当双倍返还定金。

3. 老人参加低价旅行团被导游要求购物，可以拒绝吗?

典型案例

65岁的崔大爷多年外出打工挣钱，今年回村养老后，经朋友介绍报名参团了某景点99元两日游。旅游过程中，崔大爷在导游的带领下，参观了某养生壶加工厂，随后被带到某商城，导游向崔大爷等老人推荐了一款养生壶，告诉他们长期使用该产品可以治疗高血压、糖尿病等，买一送一。崔大爷想看看其他产品，导游告诉他，这款养生壶是最好的，无须再看其他产品，买完就可以参观下一个景点。崔大爷想知道，自己能否拒绝购买。

以案普法

随着生活水平的提高，很多老年人选择外出旅游散心。老年人相对节俭，选择旅游产品时，更容易被低价和各种福利所吸引。殊不知，不少老年人因选择低价团而掉入“低价游”陷阱，一些旅行社以不合理的低价组织旅游活动，通过诱骗老人购物、指定老人到具体场所购物、强制老人购物等方式获得不当利益。根据《消费者权益保护法》第4条的规定，消费应当遵循自愿、平等、公平、诚实信用的原则，消费者享有知情权、选择权、公平交易权等权利。因此，包括老人在内的旅游者，有权自主选择旅游产品和服务，有权拒绝旅游经营者的强制交易行为。案例中，旅行社导游的做法违反了《消费者权益保护法》第4条、第9条、第10条和《旅游法》第35条的规定，侵犯了崔大爷的选择权、公平交易权等权利，崔大爷有权拒绝购买养生壶。

当老人选择参团旅游时，建议做到以下几点：一是要看旅行社资质，选择正规有资质的旅行社，不要一味追求低价，避免因贪图便宜而上当受骗。二是要签订旅游合同，明确行程、景点、交通、食宿、保险等内容。是否有自费项目，如有自费项目，要先标明项目名称和价格。通过签订合同，明确双方的权利义务、违约责任等内容。三是权益如被侵犯要及时与旅行社沟通解决，如未解决要妥善保管相关证据，行程结束后拨打12315消费者投诉举报电话、12301全国旅游服务热线要求协调解决，还可以向法院起诉，维护自身合法权益。

法律依据

《中华人民共和国消费者权益保护法》

第四条 经营者与消费者进行交易，应当遵循自愿、平等、公平、诚实信用的原则。

第九条 消费者享有自主选择商品或者服务的权利。

消费者有权自主选择提供商品或者服务的经营者，自主选择商品品种或者服务方式，自主决定购买或者不购买任何一种商品、接受或者不接受任何一项服务。

消费者在自主选择商品或者服务时，有权进行比较、鉴别和挑选。

第十条 消费者享有公平交易的权利。

消费者在购买商品或者接受服务时，有权获得质量保障、价格合理、计量正确等公平交易条件，有权拒绝经营者的强制交易行为。

《中华人民共和国旅游法》

第三十五条 旅行社不得以不合理的低价组织旅游活动，诱骗旅游者，并通过安排购物或者另行付费旅游项目获取回扣等不正当利益。

旅行社组织、接待旅游者，不得指定具体购物场所，不得安排另行付费旅游项目。但是，经双方协商一致或者旅游者要求，且不影响其他旅游者行程安排的除外。

发生违反前两款规定情形的，旅游者有权在旅游行程结束后三十日内，要求旅行社为其办理退货并先行垫付退货货款，或者退还另行付费旅游项目的费用。

4. 商店贴着“特价商品，概不退换”，真的不能退换吗？

典型案例

某村村委会附近有一家商店，经营日用百货。一天，村民老罗路过商店时，看到商店门口贴着“特价老人鞋，走过路过不要错过”的海报很心动。老罗在商店挑选一番后，以平日五折的价格购买了一双老人鞋。没想到，新鞋只穿了两天，鞋子底部就出现断裂。于是，老罗到商店要求换货，可商店老板指了指商店里贴的“特价商品，概不退换”的告示，称鞋子是特价商品，不退不换。

以案普法

“特价商品，概不退换”“如有丢失，概不负责”等告示在我们生活中随处可见，这种告示是典型的格式条款。格式条款是指商家为了重复使用而预先拟定，在订立合同时未与交易对方协商的条款。根据《民法典》第497条的规定，格式条款不能有下列内容，否则相关格式条款无效：（1）有违反法律、行政法规的强制性规定的内容；（2）有违背公序良俗的内容；（3）有不合理免除或者减轻己方责任、加重合同对方责任、限制合同对方主要权利的内容；（4）有排除合同对方主要权利的内容；（5）有造成合同对方人身损害免责的条款内容；(6) 有因故意或者重大过失造成对方财产损失免责的条款内容。

我国《消费者权益保护法》对消费者购买商品后享有退换权利进行了详细规定，根据《消费者权益保护法》第24条的规定，商家提供的商品或者服务不符合质量要求的，如果有国家规定和当事人约定，消费者可以要求退货、更换、维修等；如果没有国家规定和当事人约定，消费者可以自收到商品之日起7日内退货。7日后符合法定解除合同条件的，消费者可以退货，不符合法定解除合同条件的，消费者可以要求商家更换、维修等。因此，商家张贴的“特价商品，概不退换”等告示属于明显加重消费者责任、排除消费者权利的格式条款，是无效的。案例中，商店的告示是无效的，老罗遇到这种情形，有权要求商店退换。老罗可先与商店协商解决，如果协商不成，可拨打12315请求消协调解或者到工商部门申诉，还可以请求仲裁机构仲裁或者到法院提起诉讼。

法律依据

《中华人民共和国民法典》

第四百九十七条 有下列情形之一的，该格式条款无效：

（一）具有本法第一编第六章第三节和本法第五百零六条规定的无效情形；

（二）提供格式条款一方不合理地免除或者减轻其责任、加重对方责任、限制对方主要权利；

（三）提供格式条款一方排除对方主要权利。

《中华人民共和国消费者权益保护法》

第二十四条　经营者提供的商品或者服务不符合质量要求的，消费者可以依照国家规定、当事人约定退货，或者要求经营者履行更换、修理等义务。没有国家规定和当事人约定的，消费者可以自收到商品之日起七日内退货；七日后符合法定解除合同条件的，消费者可以及时退货，不符合法定解除合同条件的，可以要求经营者履行更换、修理等义务。

依照前款规定进行退货、更换、修理的，经营者应当承担运输等必要费用。

第二十六条　……

经营者不得以格式条款、通知、声明、店堂告示等方式，作出排除或者限制消费者权利、减轻或者免除经营者责任、加重消费者责任等对消费者不公平、不合理的规定，不得利用格式条款并借助技术手段强制交易。

格式条款、通知、声明、店堂告示等含有前款所列内容的，其内容无效。

5. 老人借钱给他人，有哪些注意事项？

典型案例

刘大爷与薛大爷是同村好友，分别住村北和村南。刘大爷的两个女儿在外地工作，时不时给刘大爷汇点钱，刘大爷便攒了些养老钱。一天，薛大爷去刘大爷家中提出要给儿子在县城买房，需要向刘大爷借点钱，承诺短期内归还。刘大爷看在多年交情的分儿上，借给薛大爷 2 万元现金。一年过去了，薛大爷还没归还借款。起初，刘大爷碍于情面，见到薛大爷也不好意思催其还款。后来，好久没见到薛大爷，刘大爷听村里人说薛大爷已搬到县城儿子家居住了。

以案普法

亲友之间，因生活所需或经营周转等相互借钱在所难免。很多人在出借款项时碍于情面，没有要求借款人书写借条，有的事后要求借款人补写欠条或收条。这些书面凭证虽然仅有一字之差，但其中蕴含的法律含义却千差万别。(1) 借条反映的是借贷关系，通常载明借款金额、利息、借款期限等内容，借条是出借人向借款人主张债权的重要凭证。(2) 欠条反映的是欠款关系，是双方经济往来的一种结算，欠条形成的原因有很多，可能因借贷而欠款，也可能因买卖、承揽纠纷等其他法律关系而产生欠款，仅凭欠条不足以证明相关款项的性质。也就是说，借款肯定是欠款，但欠款不一定是借款。出借人如果持欠条起诉，需要陈述欠条形成的事实，如果对方否认，还需进一步证明欠条形成的原因及事实。（3）收条反映的是给付关系，一般不反映债权债务关系。一般债务人支付相关款项后，要求债权人出具收条的目的是消灭双方之前的债务债权关系。与借条、欠条不同的是，收条的出具人通常没有通过给付来“赎条”的意思表示。如果仅凭收条向法院起诉，要求出具收条人履行义务，一般难以维护自身合法权益。

因此，亲友之间借钱时，双方形成民间借贷法律关系，建议将相关凭证写成借条。借条具有借款合同性质，借条中要注意主要写明以下内容：（1）出借人和借款人的姓名全名与身份证号码，要与身份证上记载的一致。如果有人担保，需要专门列明担保人并签字捺印，第三人在借条任意空白处签字通常不会产生担保的法律后果。（2）借款方式和借款金额，借款金额最好同时写上阿拉伯数字和汉字，避免篡改。（3）借款期限和利息，如果对利息没有约定或者约定不明确，则视为没有利息。为保障自身合法权益，案例中刘大爷将钱出借给薛大爷，可要求薛大爷写书面借条，并在借条中写明姓名、金额、借期、利息等内容。这样后期在薛大爷不还钱的时候才能更好地主张自己的权利，维护自己的合法权益。

法律依据

《中华人民共和国民法典》

第六百六十八条 借款合同应当采用书面形式，但是自然人之间借款另有约定的除外。

借款合同的内容一般包括借款种类、币种、用途、数额、利率、期限和还款方式等条款。

第六百八十条 ……

借款合同对支付利息没有约定的，视为没有利息。

借款合同对支付利息约定不明确，当事人不能达成补充协议的，按照当地或者当事人的交易方式、交易习惯、市场利率等因素确定利息；自然人之间借款的，视为没有利息。

6. “见证人”算保证人吗？

典型案例

老姚与老李为同村村民，老李因购买拖拉机资金周转不开向老姚借5万元，借期为一年。老姚担心老李不能按期归还这一大笔钱，可又不好意思拒绝。老姚告诉老李，借钱找个中间人见证，对双方都有好处。于是，老李找村主任老张做见证人，老张欣然答应。老李收到借款后向老姚出具借条，老张在借条上“见证人”处签字捺印。一年后，老李未还钱，老姚找到老李和老张，要求两人还款。老张称自己只是见证人，不是保证人，没义务还款。

以案普法

现实生活中，朋友之间因借款、买卖等需要第三人当保证人、见证人、中间人的情形并不鲜见。然而，很多人不清楚保证人、见证人、中间人并不是同一概念，产生的法律后果也不同。

从法律上讲，见证人和中间人起到类似证人的作用，一般不需要承担还款责任。而保证是指为了保障债权的实现，保证人和债权人约定，当债务人不履行到期债务或者发生当事人约定的情形时，保证人履行债务或者承担责任的一种担保方式。保证分为一般保证和连带责任保证。一般保证的保证人享有先诉抗辩权，也就是保证人在主合同纠纷未经审判或者仲裁，并就债务人财产依法强制执行仍不能履行债务前，对债权人可以拒绝承担保证责任。而连带责任保证中保证人没有该项权利，债权人在保证范围内既可以向债务人求偿，也可以向保证人求偿。因此，案例中的老张在借条“见证人”处签字，并不产生保证的法律后果，不需要承担还款责任。

实践中，还需注意以下两点：（1）保证需要有明确的意思表示。如果第三人仅在借条空白处签名、书写身份证号，并未表明保证人身份或者承担保证责任，通过其他事实也不能推定该第三人为保证人，那么该第三人无须承担保证责任。（2）如果对保证方式没有约定或者约定不明确，根据《民法典》第686条第2款的规定，保证人将按照一般保证承担保证责任，而不再按照连带责任保证承担保证责任，保证人的责任相对减轻。

法律依据

《中华人民共和国民法典》

第六百八十六条 保证的方式包括一般保证和连带责任保证。

当事人在保证合同中对保证方式没有约定或者约定不明确的，按照一般保证承担保证责任。

第六百八十七条 当事人在保证合同中约定，债务人不能履行债务时，由保证人承担保证责任的，为一般保证。

……

第六百八十八条 当事人在保证合同中约定保证人和债务人对债务承担连带责任的，为连带责任保证。

……

《最高人民法院关于审理民间借贷案件适用法律若干问题的规定》

第二十条 他人在借据、收据、欠条等债权凭证或者借款合同上签名或者盖章，但是未表明其保证人身份或者承担保证责任，或者通过其他事实不能推定其为保证人，出借人请求其承担保证责任的，人民法院不予支持。

7. 老人将房屋赠与儿子后，可以反悔吗？

典型案例

刘大爷早年丧偶，多年来一直省吃俭用。为了方便儿子照顾自己，刘大爷花费毕生积蓄为儿子小刘在县城全款购买了一套楼房，与小刘一同居住，并将房屋登记在小刘名下，把房子赠与小刘。起初，一家人生活得其乐融融，但好景不长，儿子小刘染上了网络赌博的毛病，债台高筑。刘大爷苦劝小刘戒掉赌博，结果被小刘赶回了老家。刘大爷身无分文，只能靠邻居接济度日。刘大爷深感失望，想要回这套房子，但小刘却以房子登记在他名下为由拒绝归还。

以案普法

日常生活中，像案例中刘大爷这样为子女购置房产、车辆等财产的老人并不少见。从法律上讲，老人为子女出资购置财产并登记在子女名下，属于赠与。通常而言，老人将房产赠与子女，一方面是为了帮助子女成家立业，另一方面则是希望自己能老有所依。但实践中，有老人由于种种原因将房产赠与子女后又想反悔。对于赠与能否撤销这一问题，我国《民法典》第 658 条和第 663 条分别规定了任意撤销权和法定撤销权，具体分为以下两种情形：

（1）由于赠与本质上是一种无偿的施惠行为，为了平衡赠与人与受赠人的利益，《民法典》第 658 条第 1 款规定了任意撤销权，赠与人在赠与财产的权利转移前享有任意撤销权，在赠与财产的权利转移后便不可再随意撤销赠与。

（2）为了规制受赠人“忘恩负义”的行为，保障赠与人的合法权益，《民法典》第 663 条规定了法定撤销权，也就是说，不论赠与财产的权利是否转移，只要出现如下法定情形时，赠与人就可以撤销赠与：①受赠人严重侵害赠与人或者赠与人近亲属的合法权益，如受赠人多次殴打赠与人；②受赠人对赠与人有扶养义务而不履行，如子女接受父母的赠与后不履行赡养义务；③受赠人不履行赠与合同约定的义务。如果赠与附有义务，受赠人应当按照约定履行义务。

案例中的小刘作为刘大爷的儿子，对刘大爷有赡养义务，但他在接受刘大爷赠与的房产后，沉迷赌博，不照顾刘大爷，虽然房屋已经过户到小刘名下，刘大爷依然可以反悔，撤销对房屋的赠与。刘大爷可以依据《民法典》第 663 条、第 665 条的规定要求小刘返还房屋。但应当注意的是，刘大爷赠与撤销权的行使有时间限制，刘大爷需在知道或者应当知道撤销事由之日起一年内行使，如果一年内未行使，撤销权消灭。

法律依据

《中华人民共和国民法典》

第六百五十八条　赠与人在赠与财产的权利转移之前可以撤销赠与。

……

第六百六十三条　受赠人有下列情形之一的，赠与人可以撤销赠与：

（一）严重侵害赠与人或者赠与人近亲属的合法权益；

（二）对赠与人有扶养义务而不履行；

（三）不履行赠与合同约定的义务。

赠与人的撤销权，自知道或者应当知道撤销事由之日起一年内行使。

第六百六十五条　撤销权人撤销赠与的，可以向受赠人请求返还赠与的财产。

8. 老人租房居住，合同还没到期房东就把房子卖给了别人，新房东可以赶走老人吗？

典型案例

2021 年 3 月，王大爷租赁小刘家一间房屋养老，租期为两年，租金已交付。可刚到半年，小刘就将房屋卖给了小李，并告知小李该房屋已于半年前出租给王大爷。小李见王大爷年事已高，怕出意外，要求王大爷一周内搬走。王大爷觉得自己已经跟小刘商量好租两年，这才半年就得搬走，自己不方便再找合适的房屋租赁，希望继续住着，不愿腾房。而小李觉得自己已经买了小刘的房子，小刘与王大爷之前的约定与自己无关，要求王大爷必须搬离。

以案普法

生活中，一些老人由于种种原因选择租房来养老。租房过程中，房东也许会将房屋转卖给他人。在租赁合同未到期的情况下，新房东可能会解除租赁合同，要求老人搬离。这种不稳定的租赁关系在一定程度上影响了老人安心养老。事实上，《民法典》第725条设立了“买卖不破租赁”规则来保障承租人的权利，该规则是指租赁关系存续期间，即使租赁物所有权发生了变动，也不影响租赁合同的效力。也就是说，如果一个人已经租赁了一套房屋，在租赁期内，即使出租人将所出租的房屋卖给他人，原来的租赁合同仍然有效，不影响租赁合同的继续履行，承租人和买受人继续享有原租赁合同规定的权利，同时履行相应义务。但是，如果在订立租赁合同之前，房屋已被卖给他人，承租人则不能主张适用“买卖不破租赁”规则。

案例中，王大爷租用房屋期间，房东小刘将房屋转卖给小李，王大爷有权依据“买卖不破租赁”规则，要求新房东小李继续履行原租赁合同，王大爷有权继续居住使用房屋至合同期限届满。需要注意的是，在原租赁合同继续有效的情况下，当事人应按照合同约定全面履行自己的义务，不得擅自变更或者解除合同，否则会承担继续履行、赔偿损失等违约责任。案例中，小李与王大爷协商未果的情况下，如果小李坚持解除合同，王大爷有权要求小李退还剩余租期内的租金，并承担赔偿损失等违约责任。

法律依据

《中华人民共和国民法典》

第五百零九条　当事人应当按照约定全面履行自己的义务。

……

第五百七十七条　当事人一方不履行合同义务或者履行合同义务不符合约定的，应当承担继续履行、采取补救措施或者赔偿损失等违约责任。

第七百二十五条　租赁物在承租人按照租赁合同占有期限内发生所有权变动的，不影响租赁合同的效力。

9. 租赁的厂房房顶漏水，应该由谁负责维修？

典型案例

某村村民武大爷与村委会签订厂房租赁合同，约定武大爷租用村委会500平方米的厂房，租金一年4万元，租期为三年。然而没过多久，一场大雨过后，武大爷发现堆在厂房的货物被泡湿了。仔细检查后，武大爷发现厂房房顶漏水。于是，武大爷向村委会反映情况，要求村委会维修，可村委会迟迟未派人维修。为了能正常经营，无奈之下，武大爷自己找人修补好厂房房顶，花去维修费1万元。武大爷想知道，自己支付的维修费能否向村委会要回。

以案普法

租赁合同关系是生活中常见的法律关系，一般由出租人将租赁物交付承租人使用、收益，承租人支付租金。然而，出租人与承租人常因租赁物维修责任问题产生争议。实践中，出租人和承租人可以根据具体情况在合同中约定维修义务由承租人承担。如果双方对由谁维修租赁物没有约定或者约定不明，根据《民法典》第712条的规定，在租赁物不符合约定的使用状态时，出租人应履行对租赁物进行维护和修理的义务，保证承租人能正常使用租赁物。需要注意的是，根据《民法典》第563条、第713条第2款的规定，如果因承租人的原因导致租赁物损坏需要维修的，出租人不承担法律规定的维修义务，而应由承租人自己负责维修。案例中，武大爷与村委会没有约定厂房出现问题时由谁进行维修，厂房房顶漏水也非因武大爷过错导致，因此，村委会作为出租人应承担维修义务。

根据《民法典》第563条、第713条的规定，出租人不履行维修义务，产生以下法律后果：(1) 如果承租人通知出租人在合理期限内维修，而出租人怠于维修，为防止损失扩大，承租人可以自行维修租赁物，由此产生的维修费用由出租人负担；(2) 如果出租人维修或者承租人自行维修而影响承租人使用租赁物，承租人有权向出租人主张减少租金或者延长租期；（3）如果出租人未履行维修义务，导致承租人的合同目的不能实现，承租人有权向出租人主张解除双方的租赁合同。案例中，武大爷要求村委会维修，而村委会未履行维修义务，武大爷自行维修花去的1万元，如果在合理范围内，武大爷可要求村委会负担。

法律依据

《中华人民共和国民法典》

第五百六十三条 有下列情形之一的，当事人可以解除合同：

（一）因不可抗力致使不能实现合同目的；

（二）在履行期限届满前，当事人一方明确表示或者以自己的行为表明不履行主要债务；

（三）当事人一方迟延履行主要债务，经催告后在合理期限内仍未履行；

（四）当事人一方迟延履行债务或者有其他违约行为致使不能实现合同目的；

（五）法律规定的其他情形。

以持续履行的债务为内容的不定期合同，当事人可以随时解除合同，但是应当在合理期限之前通知对方。

第七百一十二条 出租人应当履行租赁物的维修义务，但是当事人另有约定的除外。

第七百一十三条 承租人在租赁物需要维修时可以请求出租人在合理期限内维修。出租人未履行维修义务的，承租人可以自行维修，维修费用由出租人负担。因维修租赁物影响承租人使用的，应当相应减少租金或者延长租期。

因承租人的过错致使租赁物需要维修的，出租人不承担前款规定的维修义务。

10. 老人如何防范电信诈骗？

典型案例

高大娘的儿女成年后在外地工作，很少回家。一天，高大娘接到一个陌生电话，电话里的人自称是医院工作人员，并称高大娘的儿子出了交通事故，伤势很严重，已被送到医院，需要立刻做手术保命，要求高大娘转1万元手术费到某账户。高大娘心急如焚，凑够钱后，急急忙忙跑到镇上的农信社汇款。高大娘汇款后，回拨这个陌生号码询问儿子病情，可对方已将高大娘拉黑。高大娘又给儿子打电话，儿子表示自己并未出事，高大娘这才发现自己被骗了。

以案普法

近年来，电信诈骗呈高发态势，诈骗形式愈加隐蔽多样，并从城镇向农村蔓延，农村老人因消息闭塞，识别能力较差，往往容易上当受骗。电信诈骗是指电子信息诈骗犯罪，作案方式一般为犯罪分子通过网络、电话、短信编造虚假信息等，诱使受害人给犯罪分子汇款或者转账。常见的电信诈骗类型有：网络贷款诈骗、冒充客服退款诈骗、冒充“公检法”诈骗、发布虚假中奖信息诈骗、冒充老朋友诈骗、冒充医护人员诈骗等。生活中，很多老人遭遇电信诈骗，除了像案例中的高大娘那样遭受财产损失，还可能因被骗生气而引发疾病。鉴于电信诈骗的巨大危害性，老人应从以下几个方面加强防范：

第一，注意保护个人信息。切勿有贪图便宜的心理，不要在参加领取小礼物等活动时随意填写自己的姓名、身份证号、手机号码等信息，以免泄露个人信息，给诈骗分子可乘之机。

第二，提高警惕，增强防范意识。接到陌生电话和短信，不要轻信，更不要轻易向陌生人转账、汇款。老人应及时与家人沟通、商量。如果家人不在身边，可向邻居、村委会、派出所等了解核实。

如果遭遇电信诈骗，要立即报警处理，收集好转账凭证等证据，不要相信网上可追回钱款等信息，以免二次被骗。

法律依据

《中华人民共和国刑法》

第二百六十六条 诈骗公私财物，数额较大的，处三年以下有期徒刑、拘役或者管制，并处或者单处罚金；数额巨大或者有其他严重情节的，处三年以上十年以下有期徒刑，并处罚金；数额特别巨大或者有其他特别严重情节的，处十年以上有期徒刑或者无期徒刑，并处罚金或者没收财产。本法另有规定的，依照规定。

《最高人民法院、最高人民检察院关于办理诈骗刑事案件具体应用法律若干问题的解释》

第二条 诈骗公私财物达到本解释第一条规定的数额标准，具有下列情形之一的，可以依照刑法第二百六十六条的规定酌情从严惩处：

（一）通过发送短信、拨打电话或者利用互联网、广播电视、报刊杂志等发布虚假信息，对不特定多数人实施诈骗的；

……

（四）诈骗残疾人、老年人或者丧失劳动能力人的财物的；

……

第三章

留守儿童日常生活与家庭教育

1. 留守儿童的父母去世或父母没有监护能力，谁来当其监护人？

典型案例

牛牛的父母在外打工期间因意外不幸离世，年仅六岁的牛牛一夜之间成为孤儿，只能由奶奶照料。两年后，奶奶离世，牛牛再次陷入无人抚养的困境。村委会经辗转打听，终于联系到牛牛在外地上班的姐姐。村委会希望她能照顾牛牛，但姐姐对牛牛非常抗拒，直言父母生二胎时未经其同意，坚决不照顾牛牛。牛牛很无助，不知道到底谁才是他的监护人。

以案普法

儿童是祖国的花朵，需要整个社会的关爱和呵护。为保护儿童健康安全成长，我国设立了“以家庭监护为基础，社会监护为补充，国家监护为兜底”的未成年人监护制度。根据《民法典》第27条的规定，父母首先是未成年子女的监护人。对于牛牛这样父母已去世的儿童，可通过以下方式确定监护人：

（1）法定监护。根据《民法典》第27条第2款的规定，牛牛的父母去世后，其监护人依次为：①祖父母、外祖父母；②兄、姐；③其他愿意担任监护人的个人或者组织，但是须经牛牛住所地的村民委员会或者民政部门同意。牛牛的姥姥、姥爷和爷爷、奶奶均已去世，姐姐已成年，且有经济来源，具有监护能力。因此，牛牛的姐姐应当依法履行监护职责。

（2）遗嘱指定监护。根据《民法典》第 29 条的规定，牛牛的父母生前还可以通过遗嘱来指定其他亲友作为牛牛的监护人，以免父母去世后，未成年的牛牛面临无人监护的困境。

（3）民政部门或村委会监护。若牛牛的姐姐确实存在法定的无法履行监护职责的情形，也无其他人自愿担任监护人，为充分保障牛牛的正常生活及健康成长，根据《民法典》第 32 条的规定，牛牛的监护人由民政部门担任，若牛牛所在的村委会具备监护职责条件，也可以由村委会担任。

法律依据

《中华人民共和国民法典》

第二十七条 父母是未成年子女的监护人。

未成年人的父母已经死亡或者没有监护能力的，由下列有监护能力的人按顺序担任监护人：

（一）祖父母、外祖父母；

（二）兄、姐；

（三）其他愿意担任监护人的个人或者组织，但是须经未成年人住所地的居民委员会、村民委员会或者民政部门同意。

第二十九条　被监护人的父母担任监护人的，可以通过遗嘱指定监护人。

第三十二条　没有依法具有监护资格的人的，监护人由民政部门担任，也可以由具备履行监护职责条件的被监护人住所地的居民委员会、村民委员会担任。

2. 父母离婚后，父（母）探望子女时总是打骂子女，该怎么办？

典型案例

婷婷 9 岁时父母因感情不和而协议离婚，婷婷随母亲一起生活，父亲大刘每月月底探望婷婷。但大刘对离婚这件事一直耿耿于怀，对婷婷的母亲有颇多怨言却无处发泄，慢慢染上了酗酒的不良嗜好。大刘经常在饮酒后探望婷婷，借酒劲侮辱、打骂婷婷，发泄怨气，而且还多次带婷婷旷课、逃学，致使婷婷的成绩一落千丈。婷婷不敢告诉母亲，怕父母再次发生冲突，一直默默忍受，最终产生了严重的抑郁倾向。

以案普法

父母与子女间的关系，并不因父母离婚而消除。离婚后，不直接抚养子女的父或母，有探望子女的权利。父或母通过探视关心子女的学习、生活等，可以增进亲情交流，有利于子女健康成长。但在现实生活中，也不乏像大刘这样的家长，探望时却对子女身心健康产生了严重不良影响。未成年人如果像婷婷那样在接受探望时遭受打骂等，可以从以下几个方面保护自己：

（1）积极寻求家长帮助。与孩子共同生活的一方家长应关注孩子的情绪变化，多与孩子沟通，鼓励孩子说出事实。积极与对方协商，化解双方矛盾，为孩子营造良好的探望环境。同时，要注意搜集保存证据，必要时可通过诉讼、报警等方式维护孩子的合法权益。

（2）向法院请求中止探望。婷婷父亲大刘在探望婷婷时的行为明显不利于婷婷的身心健康，婷婷或者婷婷的母亲可以根据《民法典》第1086条第3款及《最高人民法院关于适用〈中华人民共和国民法典〉婚姻家庭编的解释（一）》第67条的规定向法院提出中止探望的请求。

应当注意的是，为确保未成年人最大限度地接受父母的共同抚育，避免权利滥用，探望不利于子女的身心健康时，探望才能被中止。例如，探望的一方吸毒、酗酒，或对子女有暴力、骚扰行为，或者患有精神疾病、传染性疾病等影响子女身体健康的疾病，或探望的一方引诱、胁迫子女实施旷课、逃学、吸烟、饮酒、沉迷网络等不良行为等。当然，中止的事由消失后，享有探望权的人有权向法院请求恢复探望。

法律依据

《中华人民共和国民法典》

第一千零八十六条　……

父或者母探望子女，不利于子女身心健康的，由人民法院依法中止探望；中止的事由消失后，应当恢复探望。

《最高人民法院关于适用〈中华人民共和国民法典〉婚姻家庭编的解释（一）》

第六十七条　未成年子女、直接抚养子女的父或者母以及其他对未成年子女负担抚养、教育、保护义务的法定监护人，有权向人民法院提出中止探望的请求。

3. 父母离婚时可以都不要孩子吗？

典型案例

9岁的琴琴一直被长期在外打工的父母寄养在老家，随爷爷奶奶生活。2022年，琴琴的父母因感情不和准备离婚，但两人都不想抚养琴琴，一直未能达成离婚协议。为了能尽快办理离婚登记，逃避抚养义务，琴琴的父亲偷偷将琴琴从老家带走扔在野外，幸而爷爷及时发现将琴琴救回。琴琴非常伤心，认为自己是多余的，一度产生了轻生念头。

以案普法

抚养子女是父母的法定义务，双方离婚亦不影响此项义务的承担。根据《民法典》第1084条的规定，离婚并不意味着父母与子女之间的关系消除，父母对子女仍有抚养、教育、保护的权利和义务，子女的合法权益不能因父母离婚而受到损害。因此，琴琴的父母以离婚为由均不抚养琴琴是违法的。此外，琴琴的父亲不仅不愿抚养琴琴，还将不具备独立生活能力的琴琴扔在野外，根据《刑法》第261条的规定，琴琴的父亲可能涉嫌遗弃罪，将面临刑事处罚。

我国《未成年人保护法》确立了家庭保护、社会保护、司法保护等制度，琴琴父母的行为已严重损害琴琴的合法权益，琴琴可寻求社会保护，如向所在地的村委会求助，村委会有权对琴琴的父母进行监督，督促琴琴的父母依法对孩子进行抚养、教育。琴琴还可以寻求司法保护，根据《民法典》第1084条第3款及第1085条的规定，琴琴已满8周岁，琴琴的父母因孩子抚养问题没有达成一致意见，法院应在尊重琴琴真实意愿的基础上，按照最有利于琴琴生活、学习的原则判决确定琴琴的抚养人，不直接抚养琴琴的一方家长应负担琴琴的抚养费。

法律依据

《中华人民共和国民法典》

第一千零八十四条 父母与子女间的关系，不因父母离婚而消除。离婚后，子女无论由父或者母直接抚养，仍是父母双方的子女。

离婚后，父母对于子女仍有抚养、教育、保护的权利和义务。

离婚后，不满两周岁的子女，以由母亲直接抚养为原则。已满两周岁的子女，父母双方对抚养问题协议不成的，由人民法院根据双方的具体情况，按照最有利于未成年子女的原则判决。子女已满八周岁的，应当尊重其真实意愿。

第一千零八十五条 离婚后，子女由一方直接抚养的，另一方应当负担部分或者全部抚养费。负担费用的多少和期限的长短，由双方协议；协议不成的，由人民法院判决。

……

《中华人民共和国未成年人保护法》

第四十三条 居民委员会、村民委员会应当设置专人专岗负责未成年人保护工作，协助政府有关部门宣传未成年人保护方面的法律法规，指导、帮助和监督未成年人的父母或者其他监护人依法履行监护职责，建立留守未成年人、困境未成年人的信息档案并给予关爱帮扶。

……

《中华人民共和国刑法》

第二百六十一条 对于年老、年幼、患病或者其他没有独立生活能力的人，负有扶养义务而拒绝扶养，情节恶劣的，处五年以下有期徒刑、拘役或者管制。

4. 留守儿童遭受家庭暴力该怎么办？

典型案例

小文今年9岁，父母长期在外务工，小文一直随爷爷奶奶生活。爷爷脾气暴躁，经常对小文非打即骂，奶奶嫌小文是个女孩，屡次言语辱骂小文为“赔钱货”“拖油瓶”。小文偷偷给父母打电话求助，父母却认为小文快到青春期了，有逆反心理，亲戚和邻居对此也视若无睹，小文不知能向谁求救，最终产生了严重的心理疾病。

以案普法

一些家长认为孩子“不打不成器”，家长打骂孩子是“正常教育”，但殴打、残害、经常谩骂、侮辱子女等行为属于家庭暴力，会给子女的身心造成严重损害。因此，家暴并不只是家务事，反家庭暴力是国家、社会和每个家庭的共同责任。留守儿童如果像小文一样遭受家庭暴力，可以采取以下措施保护自己：

（1）向有关单位求助。小文可以依据《反家庭暴力法》第 13 条的规定向居委会或村委会、妇联等单位投诉、反映或求助，上述单位应予帮助。其他个人或者单位发现时，也有权予以劝阻。

（2）报案或起诉。如果家庭暴力构成违反治安管理的行为，小文的爷爷奶奶可能面临行政处罚。如果根据《反家庭暴力法》第 16 条的规定不足以给予治安管理处罚，则由公安机关对小文的爷爷奶奶给予批评教育或者出具告诫书。如果家庭暴力行为造成小文受伤，小文的父母作为小文的监护人，也可以以小文的名义依据《民法典》第 1165 条的规定诉至法院，要求加害人承担侵权责任。

（3）申请人身安全保护令。小文的父母、外祖父母、成年兄姐、公安机关等还可以依据《反家庭暴力法》第 23 条的规定代小文向人民法院申请人身安全保护令，禁止小文的爷爷奶奶再次对小文实施家庭暴力。

法律依据

《中华人民共和国民法典》

第一千一百六十五条　行为人因过错侵害他人民事权益造成损害的，应当承担侵权责任。

……

《中华人民共和国反家庭暴力法》

第十三条 家庭暴力受害人及其法定代理人、近亲属可以向加害人或者受害人所在单位、居民委员会、村民委员会、妇女联合会等单位投诉、反映或者求助。有关单位接到家庭暴力投诉、反映或者求助后，应当给予帮助、处理。

家庭暴力受害人及其法定代理人、近亲属也可以向公安机关报案或者依法向人民法院起诉。

单位、个人发现正在发生的家庭暴力行为，有权及时劝阻。

第十六条 家庭暴力情节较轻，依法不给予治安管理处罚的，由公安机关对加害人给予批评教育或者出具告诫书。

……

第二十三条 当事人因遭受家庭暴力或者面临家庭暴力的现实危险，向人民法院申请人身安全保护令的，人民法院应当受理。

当事人是无民事行为能力人、限制民事行为能力人，或者因受到强制、威吓等原因无法申请人身安全保护令的，其近亲属、公安机关、妇女联合会、居民委员会、村民委员会、救助管理机构可以代为申请。

5. 生父（母）去世，继母（父）对孩子是否有抚养义务？

典型案例

小浩 6 岁时父亲老刘再婚，小浩一直随老刘和继母共同生活。继母心地善良，对小浩视如己出，小浩的学习教育和生活也都由继母负责。2020 年，在外打工的老刘不幸遭遇车祸离世，家中仅剩继母和 14 岁的小浩。小浩的生母得知老刘去世后，想将小浩接走。但小浩和继母相处多年，感情深厚，还想跟着继母一起生活，只是不知继母是否还对自己有抚养的义务。

以案普法

家庭是社会的细胞，父母对未成年子女有抚养、教育和保护的义务，成年子女对父母有赡养、扶助和保护的义务。与父母子女之间的自然血亲关系不同，继父母子女关系是基于父或母再婚而形成的姻亲关系。根据《民法典》第 1072 条的规定，当继父母与继子女之间形成抚养教育关系时，双方适用《民法典》关于父母子女关系的规定。

通常而言，继父母与继子女之间符合下列条件时，双方形成抚养教育关系：（1）继子女与继父母共同生活，继父母给予继子女生活、教育等方面的照顾，或者虽未共同生活，但继父母长期或持续性地对继子女进行较大数额的经济支持；（2）前述抚养、教育、照顾行为已持续一定期间。案例中老刘再婚时，小浩仅 6 岁，尚未成年，小浩与继母共同生活多年，继母对小浩进行了抚养、照顾和教育，小浩与继母之间形成抚养教育关系，这种情形下，小浩与继母之间属于法律上的拟制血亲关系，双方具有与自然血亲的父母子女相同的权利与义务。老刘去世后，原则上不影响继母与继子小浩的关系，继母有义务继续抚养教育小浩，继母年迈后，小浩对其负有赡养扶助义务，双方之间也可以相互继承等。

需要注意的是，继母与小浩之间形成抚养教育关系，并不意味着小浩与其生母之间的权利义务消除。小浩的生母仍应承担抚养小浩的义务。小浩的生母想接走并抚养小浩，也不存在不能抚养小浩的情形，根据《最高人民法院关于适用〈中华人民共和国民法典〉婚姻家庭编的解释（一）》第 54 条的规定，继母有一定程度的选择权，继母不同意继续抚养小浩时，应由小浩的生母抚养小浩。当然，如果小浩没有其他抚养人，一般不允许继母解除与小浩的继父母子女关系。

法律依据

《中华人民共和国民法典》

第一千零七十二条 继父母与继子女间，不得虐待或者歧视。

继父或者继母和受其抚养教育的继子女间的权利义务关系，适用本法关于父母子女关系的规定。

《最高人民法院关于适用〈中华人民共和国民法典〉婚姻家庭编的解释（一）》

第五十四条 生父与继母离婚或者生母与继父离婚时，对曾受其抚养教育的继子女，继父或者继母不同意继续抚养的，仍应由生父或者生母抚养。

6. 父母去世后，女孩可以继承遗产吗？

典型案例

馨馨是独生女，父母一直在城里务工。今年年初，馨馨的父母突发疾病不幸双双离世，却没来得及留下遗嘱。爷爷在处理馨馨父母的遗产时，认为馨馨是女孩子，迟早要嫁给外人，不能继承家产。于是，爷爷将馨馨父母在城里打拼留下的现金、房产等全都交由馨馨的堂兄弟掌管。馨馨感到很无助，不想把父母多年的心血交给别人，但她不知道自己是否像爷爷说的那样没有继承权。

以案普法

男女平等是我国的基本国策，妇女在政治、经济、文化、家庭生活等各方面均享有同男子平等的权利。然而，一些地区在继承问题上还存在歧视女性的现象。我国《民法典》第1126条及《妇女权益保障法》第58条明确规定，男女平等享有继承权。具体而言，遗嘱继承中，男女都可以平等地作为遗嘱继承人或受遗赠人，不因性别不同而权利不同；法定继承中，同一法定继承顺序的继承人不论男女均有权继承，且继承份额也应男女平等。

案例中，馨馨的父母去世时未留下遗嘱，根据《民法典》第1123条的规定，馨馨父母的遗产应按照法定继承来处理。根据《民法典》第1127条的规定，馨馨及其祖父母、外祖父母作为馨馨父母遗产的第一顺位继承人，均有权继承遗产，馨馨的祖父不能因馨馨是女孩而决定将馨馨父母的遗产交由他人处理，这种行为严重侵害了馨馨的继承权。如果女孩像馨馨那样继承权受到侵害，可以依据《妇女权益保障法》第72条的规定，向人民法院提起遗产分割诉讼，维护自己的合法权益；当地法律援助机构或人民法院也应为馨馨提供必要的法律援助或司法救助。

法律依据

《中华人民共和国民法典》

第一千一百二十三条 继承开始后，按照法定继承办理；有遗嘱的，按照遗嘱继承或者遗赠办理；有遗赠扶养协议的，按照协议办理。

第一千一百二十六条　继承权男女平等。

第一千一百二十七条　遗产按照下列顺序继承：

（一）第一顺序：配偶、子女、父母；

（二）第二顺序：兄弟姐妹、祖父母、外祖父母。

……

《中华人民共和国妇女权益保障法》

第五十八条　妇女享有与男子平等的继承权。妇女依法行使继承权，不受歧视。

……

第七十二条　……

妇女的合法权益受到侵害的，有权要求有关部门依法处理，或者依法申请调解、仲裁，或者向人民法院起诉。

对符合条件的妇女，当地法律援助机构或者司法机关应当给予帮助，依法为其提供法律援助或者司法救助。

7. 父亲先于爷爷去世，孙子可以继承爷爷的遗产吗？

典型案例

小齐的父亲去世很早，母亲常年在外地打工，小齐一直在农村随爷爷奶奶生活。去年，爷爷奶奶相继去世。由于爷爷奶奶没有留下遗嘱，叔叔伯伯们在分割遗产时有了不同意见：大伯认为小齐的父亲早已去世，遗产自然没有小齐父亲的份额，因此小齐根本没有继承遗产的权利。小叔叔却认为小齐一直随爷爷奶奶生活，也应有继承权。看见家里的大人吵得不可开交，小齐不知道该怎么办。

以案普法

生活中，存在不少类似案例中小齐父亲先于小齐祖父母去世的情况。如果祖父母去世时没有留下遗嘱，作为孙子女是否有继承祖父母遗产的权利，对此，我国法律明确规定了代位继承制度。代位继承是法定继承的特殊情形，用来保障被继承人直系后代亲属的合法权益。案例中小齐的祖父母没有留下遗嘱，小齐祖父母的遗产应按照法定继承来处理。小齐的父亲作为小齐祖父母的儿子，属于法定继承人，本应有继承遗产的权利，但却先于小齐祖父母去世。根据《民法典》第1128条的规定，小齐作为其父亲的直系晚辈血亲，享有代位继承权，小齐有权继承父亲应得的份额。从法律上讲，小齐的祖父母为被继承人，小齐的父亲为被代位继承人，小齐为代位继承人。

一般而言，代位继承具有以下特征：（1）代位继承仅限于法定继承，在遗嘱继承中不适用。（2）先死亡的被代位继承人须是被继承人的子女或者兄弟姐妹，被继承人的其他法定继承人，如配偶、父母、祖父母、外祖父母等先死亡的，不发生代位继承。（3）被代位继承人为被继承人子女的，代位继承人为被代位继承人的直系晚辈血亲，没有辈数的限制，如子女、孙子女、外孙子女、曾孙子女、外曾孙子女等；被代位继承人为被继承人兄弟姐妹的，继承人仅限于被代位继承人的子女。(4) 被代位继承人生前及代位继承人必须享有继承权，若因法定情形丧失继承权，则不发生代位继承。(5) 代位继承一般只能继承被代位继承人有权继承的份额。

此外，代位继承还应与《民法典》第 1152 条规定的转继承相区分。转继承发生于继承开始后，遗产分割前，即继承人晚于被继承人死亡，转继承中，接受转继承的继承人并不限于直系晚辈血亲。案例中小齐的父亲先去世，祖父母后去世，小齐可代位继承父亲应得的份额，而如果小齐的祖父母先去世，小齐的父亲后去世，则发生转继承，小齐和其母亲都有权继承小齐父亲应得的份额。

法律依据

《中华人民共和国民法典》

第一千一百二十八条　被继承人的子女先于被继承人死亡的，由被继承人的子女的直系晚辈血亲代位继承。

被继承人的兄弟姐妹先于被继承人死亡的，由被继承人的兄弟姐妹的子女代位继承。

代位继承人一般只能继承被代位继承人有权继承的遗产份额。

第一千一百五十二条　继承开始后，继承人于遗产分割前死亡，并没有放弃继承的，该继承人应当继承的遗产转给其继承人，但是遗嘱另有安排的除外。

8. 父母可以强迫 14 岁的女儿嫁人吗？

典型案例

小竹今年 14 岁，刚刚上初中，父母便以“书读多了没用，女孩迟早要嫁人”为由为她安排了多次相亲。小竹还想继续上学，不愿意嫁给自己不认识的男人，但父母已经擅自收取了邻村一男子 16 万元的彩礼，要将小竹嫁过去，还称小竹是他们的女儿，他们有权决定把小竹嫁给谁。小竹多次反抗，却被父母捆绑、反锁在家，逃脱不得。

以案普法

在我国少数地区，个别家长法律意识淡薄，认为女孩早点嫁人，不仅可以减轻家里负担，还能拿一笔彩礼钱，一些女孩像小竹这样未达法定婚龄，甚至尚未成年就被迫出嫁。根据我国《民法典》婚姻家庭编的规定，我国实行婚姻自由的制度，禁止包办、买卖婚姻和其他干涉婚姻自由的行为。结婚年龄男不得早于 22 周岁，女不得早于 20 周岁，未达法定婚龄，婚姻无效。同时，为保护未成年人身心健康，《未成年人保护法》第 17 条规定，未成年人的父母或者监护人不得迫使未成年人结婚。案例中的小竹未达法定结婚年龄，但小竹的父母强迫小竹与他人结婚，严重侵犯了小竹的合法权益。即使小竹已达法定婚龄，根据《民法典》第 1042 条的规定，小竹也依法享有婚姻自由的权利，小竹对是否结婚、与何人结婚等都有独立的选择权，任何人都不能侵犯，小竹的父母也无权包办婚姻。

为保护自身合法权益，有小竹这样遭遇的未成年人可以通过以下方式维护自身合法权益：（1）向当地妇联投诉，妇联有权要求并协助有关部门或者单位查处这种违法行为。（2）向法院起诉。（3）向当地公安机关报警，如果小竹父母捆绑反锁小竹等行为构成违反治安管理的行为，小竹父母将面临行政处罚；如果小竹父母涉嫌非法拘禁罪、暴力干涉婚姻自由罪，小竹父母将会被追究刑事责任。

法律依据

《中华人民共和国民法典》

第一千零四十一条　……

实行婚姻自由、一夫一妻、男女平等的婚姻制度。

……

第一千零四十二条　禁止包办、买卖婚姻和其他干涉婚姻自由的行为。禁止借婚姻索取财物。

……

第一千零四十六条　结婚应当男女双方完全自愿，禁止任何一方对另一方加以强迫，禁止任何组织或者个人加以干涉。

第一千零四十七条 结婚年龄，男不得早于二十二周岁，女不得早于二十周岁。

第一千零五十一条 有下列情形之一的，婚姻无效：

……

（三）未到法定婚龄。

《中华人民共和国未成年人保护法》

第十七条 未成年人的父母或者其他监护人不得实施下列行为：

……

（九）允许、迫使未成年人结婚或者为未成年人订立婚约；

……

《中华人民共和国妇女权益保障法》

第七十二条 ……

妇女的合法权益受到侵害的，有权要求有关部门依法处理，或者依法申请调解、仲裁，或者向人民法院起诉。

对符合条件的妇女，当地法律援助机构或者司法机关应当给予帮助，依法为其提供法律援助或者司法救助。

《中华人民共和国刑法》

第二百三十八条 非法拘禁他人或者以其他方法非法剥夺他人人身自由的，处三年以下有期徒刑、拘役、管制或者剥夺政治权利。具有殴打、侮辱情节的，从重处罚。

……

第二百五十七条　以暴力干涉他人婚姻自由的，处二年以下有期徒刑或者拘役。

犯前款罪，致使被害人死亡的，处二年以上七年以下有期徒刑。

第一款罪，告诉的才处理。

9. 家庭困难的父母可以要求残疾儿童辍学吗？

典型案例

12 岁的小斌患有小儿麻痹症，不能像正常孩子一样跑跳，多年来父母为给小斌治病四处奔走，花费甚巨，导致家中经济极度困难。父母觉得小斌身有残疾，就算读书考上了大学，以后也不一定能找到好工作。因此，父母托人在老家给小斌找了一份纸箱厂的工作，希望小斌能辍学回家，早日养家糊口。可小斌喜欢读书，不想辍学。看着每日辛苦奔走的父母，小斌不知该如何张口。

以案普法

我国《宪法》第 46 条规定，公民有受教育的权利和义务。为充分保障这一权利，我国实行免费、强制的义务教育制度，保障所有适龄儿童、少年接受义务教育。根据

《未成年人保护法》第 16 条、第 17 条的规定，未成年人的父母或者其他监护人应当尊重未成年人受教育的权利，保障适龄未成年人依法接受并完成义务教育，不能放任或者迫使应当接受义务教育的未成年人失学、辍学。案例中小斌的父母以小斌身有残疾为由不允许小斌接受义务教育，显然违反了相关法律规定，小斌可以通过以下几种方式重返校园：

（1）与父母积极沟通。小斌可以与父母敞开心扉沟通，表明理解父母的难处，希望能继续完成学业，自己将努力学习，不辜负父母的辛苦付出，以争取父母的支持。

（2）向学校或教育行政部门求助。依据《未成年人保护法》第 28 条、第 83 条的规定，小斌所在的学校得知小斌的情况后，应做好家长工作，劝返复学，如果劝返无效，应及时向教育行政部门书面报告；当地教育行政部门也应责令小斌父母将小斌送入学校接受义务教育。

（3）申请法律援助。若沟通无果，小斌的父母仍然坚持要求小斌辍学，小斌可依据《未成年人保护法》第 104 条的规定向当地司法机关寻求法律援助或司法救助，请求上述机关的工作人员做父母的思想工作，并与有关部门协调，维护自己接受教育的权利。

（4）寻求政府保障。小斌可以依据《未成年人保护法》第 91 条的规定向当地政府部门申请困境未成年人保障，以缓解家庭压力，满足自己受教育等方面的基本需要。

法律依据

《中华人民共和国宪法》

第四十六条　中华人民共和国公民有受教育的权利和义务。

……

《中华人民共和国未成年人保护法》

第十六条　未成年人的父母或者其他监护人应当履行下列监护职责：

……

（五）尊重未成年人受教育的权利，保障适龄未成年人依法接受并完成义务教育；

……

第十七条　未成年人的父母或者其他监护人不得实施下列行为：

……

（五）放任或者迫使应当接受义务教育的未成年人失学、辍学；

……

第二十八条　……

学校应当对尚未完成义务教育的辍学未成年学生进行登记并劝返复学；劝返无效的，应当及时向教育行政部门书面报告。

第八十三条 各级人民政府应当保障未成年人受教育的权利，并采取措施保障留守未成年人、困境未成年人、残疾未成年人接受义务教育。

对尚未完成义务教育的辍学未成年学生，教育行政部门应当责令父母或者其他监护人将其送入学校接受义务教育。

第九十一条 各级人民政府及其有关部门对困境未成年人实施分类保障，采取措施满足其生活、教育、安全、医疗康复、住房等方面的基本需要。

第一百零四条 对需要法律援助或者司法救助的未成年人，法律援助机构或者公安机关、人民检察院、人民法院和司法行政部门应当给予帮助，依法为其提供法律援助或者司法救助。

……

10. 孩子“打赏”游戏主播，家长能否要回钱款？

典型案例

梅梅今年6岁，父母常年在外打工，她一直随爷爷在乡下老家生活。一天，梅梅偶然打开了爷爷手机上的直播软件，被游戏主播所吸引，听到主播在直播间要求“送礼物”“点赞”，梅梅在手机上乱点一番，无意间给主播“打赏”了很多“鲜花”“游艇”，短短二十分钟就消费了

1万元。这一行为被爷爷发现后，爷爷马上向直播平台的客服反映打赏是6岁的梅梅所操作，要求退款，但平台认为梅梅是自愿操作的，拒绝了梅梅爷爷的退款申请。梅梅爷爷心疼不已，不知自己能否要回这1万元。

以案普法

近年来，网络直播行业快速发展，吸引了一大批未成年人的关注。未成年人好奇心重，自控能力和辨别能力较差，容易沉迷网络，盲目充值打赏等事件更是层出不穷。家长发现孩子“打赏”游戏主播后，往往会以孩子不懂事为由，要求主播返还打赏款。家长能否要回打赏款，主要看未成年人打赏时是否具备相应的民事行为能力。具体而言，可分为以下情形：

（1）根据《民法典》第20条、第21条的规定，不满8周岁或者8周岁以上但不能辨认自己行为的未成年人，属于无民事行为能力人，应由其监护人作为法定代理人代理实施民事法律行为。案例中的梅梅未满8周岁，属于无民事行为能力人。由于心智不成熟，梅梅不能辨认自己的行为，也不知晓自己行为可能产生的法律后果，根据《民法典》第144条的规定，梅梅独立打赏的行为无效，爷爷可以要求退款。

（2）根据《民法典》第19条的规定，8周岁以上的未成年人为限制民事行为能力人，他们实施民事法律行为应由其法定代理人代理或者经其法定代理人同意、追认。但是，限制民事行为能力人可以独立实施纯获利益的民事法律行为或者与其年龄、智力、精神健康状况相适应的民事法律行为，如独立购买普通文具、将自己的玩具赠与他人等。假如梅梅是已满8周岁的未成年人，根据《最高人民法院关于适用〈中华人民共和国民法典〉总则编若干问题的解释》第5条的规定，梅梅向游戏主播进行大额“打赏”也已经超越了自身年龄、智力的范畴，梅梅大额打赏的行为经家长追认后才有效。如果梅梅的家长不追认，可以要求返还。当然，如果这个年龄的梅梅进行与自身年龄、智力相适应的小额打赏，该行为有效，家长不能要求返还。

法律依据

《中华人民共和国民法典》

第十九条　八周岁以上的未成年人为限制民事行为能力人，实施民事法律行为由其法定代理人代理或者经其法定代理人同意、追认；但是，可以独立实施纯获利益的民事法律行为或者与其年龄、智力相适应的民事法律行为。

第二十条　不满八周岁的未成年人为无民事行为能力人，由其法定代理人代理实施民事法律行为。

第二十一条　不能辨认自己行为的成年人为无民事行为能力人，由其法定代理人代理实施民事法律行为。

八周岁以上的未成年人不能辨认自己行为的，适用前款规定。

第一百四十四条 无民事行为能力人实施的民事法律行为无效。

第一百四十五条 限制民事行为能力人实施的纯获利益的民事法律行为或者与其年龄、智力、精神健康状况相适应的民事法律行为有效；实施的其他民事法律行为经法定代理人同意或者追认后有效。

……

《最高人民法院关于适用〈中华人民共和国民法典〉总则编若干问题的解释》

第五条 限制民事行为能力人实施的民事法律行为是否与其年龄、智力、精神健康状况相适应，人民法院可以从行为与本人生活相关联的程度，本人的智力、精神健康状况能否理解其行为并预见相应的后果，以及标的、数量、价款或者报酬等方面认定。

11. 被留守儿童从高层窗户扔下的东西砸伤，由谁担责？

典型案例

11 岁的明明随姥姥姥爷住在移民新村小区一幢楼房的六楼，某日，姥姥姥爷外出打麻将，将明明独自留在家中。倍感无聊的明明在阳台窗边玩耍时，不慎将阳台上的花盆推下楼，恰好砸中在小区散步的村民老吴。老吴当场昏迷不醒，送入医院后花费医疗费 6 万余元。经司法鉴定，老吴的伤情构成九级伤残。明明非常害怕，不敢跟大人说。

以案普法

近年来，高空抛掷物、坠落物致人伤亡案件屡屡见诸报端。随着农村移民新村小区工程的不断推进，高空抛物现象在农村也时有发生。案例中的明明将花盆推下楼造成老吴受伤，是典型的高空抛掷物致人损伤案件。在确定赔偿主体、责任承担时，可以从以下几个方面着手：

（1）确定侵权人。《民法典》第 1254 条明确规定禁止从建筑物中抛掷物品。老吴被从楼上推下的花盆砸伤，如果能够确定确实是明明所为，则由明明及其监护人承担责任。如果由于住户较多等原因无法确定具体侵权人，则由可能加害的建筑物使用人给予补偿。若明明所在小区的物业服务企业未采取必要的安全保障措施，也应承担相应的侵权责任。如果老吴无法确定是谁推下花盆，可以向公安机关报案，由公安机关查实。

（2）确定赔偿主体。若最终查实是明明从楼上推下花盆造成老吴受伤，根据《民法典》第 1188 条的规定，明明作为限制民事行为能力人，其行为对老吴造成的损害，由明明的父母承担赔偿责任。若明明有财产，则先从明明本人财产中支付对老吴的赔偿费用，不足部分，由明明的父母赔偿。

需要引起注意的是，高空抛掷物品的行为如果情节严重，如造成人员伤亡、严重的财产损失等，可能构成高空抛物罪，从高空抛掷物品的人将承担相应的刑事责任。

法律依据

《中华人民共和国民法典》

第一千一百八十八条 无民事行为能力人、限制民事行为能力人造成他人损害的，由监护人承担侵权责任。监护人尽到监护职责的，可以减轻其侵权责任。

有财产的无民事行为能力人、限制民事行为能力人造成他人损害的，从本人财产中支付赔偿费用；不足部分，由监护人赔偿。

第一千二百五十四条 禁止从建筑物中抛掷物品。从建筑物中抛掷物品或者从建筑物上坠落的物品造成他人损害的，由侵权人依法承担侵权责任；经调查难以确定具体侵权人的，除能够证明自己不是侵权人的外，由可能加害的建筑物使用人给予补偿。可能加害的建筑物使用人补偿后，有权向侵权人追偿。

物业服务企业等建筑物管理人应当采取必要的安全

保障措施防止前款规定情形的发生；未采取必要的安全保障措施的，应当依法承担未履行安全保障义务的侵权责任。

发生本条第一款规定的情形的，公安等机关应当依法及时调查，查清责任人。

《中华人民共和国刑法》

第二百九十一条之二 从建筑物或者其他高空抛掷物品，情节严重的，处一年以下有期徒刑、拘役或者管制，并处或者单处罚金。

有前款行为，同时构成其他犯罪的，依照处罚较重的规定定罪处罚。

12. 留守儿童被果树上掉下的果实砸伤，由谁担责？

典型案例

老刘在老家经营一片果园，6 岁的萌萌经常在果园围墙旁玩耍。由于苹果树枝繁叶茂，经常有结满苹果的树枝伸出围墙外，老刘却懒得打理。某日，萌萌在果园旁玩耍时，伸出围墙的苹果树枝上突然掉下几个苹果，萌萌闪避不及，头上被砸了一个大包，花费医疗费 600 余元。萌萌的父母找老刘理论，但老刘称苹果落下是自然现象，与他无关。

以案普法

在我国农村，林木是较常见的。林木具有重要的生态价值和经济价值。但是，林木折断、果实坠落等可能造成他人财产、人身损害。一般而言，行为人因过错侵害他人民事权益时，应当承担侵权责任。而对于林木造成损害的情形，法律规定了过错推定责任，根据《民法典》第1257条的规定，因林木折断、倾倒或者果实坠落等造成他人损害，法律推定林木的所有人或管理人有过错，林木的所有人或管理人如果能证明自己没有过错，则不用承担责任，如果证明不了自己没有过错，则应当承担侵权责任。林木的所有人或管理人的过错通常体现在林木的维护、管理方面，如修剪树枝、加固可能倾倒的树木、及时摘取成熟果实等。林木的所有人或管理人须证明自己尽到上述注意义务，否则法律推定存在过错。法律这样规定，既可以保护受害者权益，又可敦促林木的所有人或管理人尽到注意义务，从而减少损害发生。

案例中，苹果掉落虽然是自然现象，但老刘经营果园，对果树享有收益的权利，老刘自然应当对果树进行相应的管理，如定期修剪伸出墙外的枝干以免伤害到他人，及时摘取成熟的果实以免掉落砸伤路人等。萌萌被老刘果园果树上的苹果砸伤，可以根据《民法典》第1257条的规定向老刘主张赔偿，若老刘不能证明自己尽到了维护、管理的注意义务，则《民法典》推定老刘对萌萌的受伤存有疏忽、懈怠的过失，老刘应当承担侵权赔偿责任。

法律依据

《中华人民共和国民法典》

第一千一百六十五条 行为人因过错侵害他人民事权益造成损害的，应当承担侵权责任。

依照法律规定推定行为人有过错，其不能证明自己没有过错的，应当承担侵权责任。

第一千二百五十七条 因林木折断、倾倒或者果实坠落等造成他人损害，林木的所有人或者管理人不能证明自己没有过错的，应当承担侵权责任。

13. 留守儿童搭乘邻居的“顺风车”外出时受伤，可以要求邻居赔偿吗？

典型案例

玲玲的父母长期在县城打工，玲玲每周末都会搭乘邻居老吴的汽车去县城看望父母。某日，玲玲再次搭乘老吴的汽车时发生交通事故，后方车辆由于车速过快撞到了老吴的汽车，造成玲玲受伤。经交警部门认定，对方车辆承担全部责任。玲玲的父母找老吴理论，要求老吴赔钱。但老吴却认为玲玲经常搭乘他的汽车，从未支付过报酬，现在还要他赔偿，直言“好人难当”。

以案普法

乐于助人、互帮互助是中华民族的传统美德。生活中，顺路搭便车在亲友邻里间并不少见。搭便车的过程中，万一发生交通事故，造成了乘客伤亡，好心搭载他人的司机是否要承担赔偿责任呢？好心无偿搭载他人的行为在法律上称为“好意同乘”，《民法典》第 1217 条明确规定了好意同乘发生交通事故时的责任承担问题，如果交通事故属于无偿搭载乘客的机动车一方的责任，且该机动车使用人没有故意和重大过失，那么应当减轻该机动车使用人的赔偿责任。

案例中的邻居老吴让玲玲无偿搭乘自己的非营运车辆，发生交通事故造成玲玲受伤，但交警认定对方负全责。玲玲可以根据《民法典》第 1208 条、第 1213 条的规定要求对方在机动车交强险、商业险保险限额内承担赔偿责任，不足部分由侵权人承担。由于老吴这方没有责任，老吴无须承担赔偿责任。根据《民法典》第 1217 条的规定，如果交通事故属于老吴一方的责任，应当减轻老吴的赔偿责任，毕竟老吴是热心让玲玲免费搭车，如果让老吴承担全部责任，不利于弘扬互帮互助的传统美德。但是，如果老吴对交通事故的发生有故意或者重大过失，如醉驾、飙车、无证驾驶等，则不能减轻老吴的责任。

法律依据

《中华人民共和国民法典》

第一千二百零八条 机动车发生交通事故造成损害的，依照道路交通安全法律和本法的有关规定承担赔偿责任。

第一千二百一十三条 机动车发生交通事故造成损害，属于该机动车一方责任的，先由承保机动车强制保险的保险人在强制保险责任限额范围内予以赔偿；不足部分，由承保机动车商业保险的保险人按照保险合同的约定予以赔偿；仍然不足或者没有投保机动车商业保险的，由侵权人赔偿。

第一千二百一十七条 非营运机动车发生交通事故造成无偿搭乘人损害，属于该机动车一方责任的，应当减轻其赔偿责任，但是机动车使用人有故意或者重大过失的除外。

14. 依规定免票的留守儿童搭乘公共汽车遭遇车祸受伤，能否得到赔偿？

典型案例

阿伟在村里读幼儿园，每天下午奶奶都会乘坐公交车接阿伟回家。某日，因天气原因，阿伟与奶奶乘坐的公交车在回家途中发生车祸，造成阿伟和奶奶在内的多名乘客受伤。公交公司在赔偿乘客损失时，称阿伟属于依当地规定免票的孩子，阿伟乘公交时并没有付费，因此赔偿没有阿伟的份额。阿伟感到很气愤，不知道自己是否能得到赔偿。

以案普法

生活中，很多人出行时选择公共交通工具。不同地方对未成年人乘坐公共交通工具实行不同的免费或者优惠制度。按规定免票的未成年人因乘坐公共交通工具而受到伤害，公交公司等承运人可否以未成年人免票为由拒绝承担赔偿责任，《民法典》给出了明确答案。根据《民法典》第 823 条的规定，承运人对运输过程中按规定免票的乘客的伤亡承担赔偿责任，也就是说，承运人应将乘客的生命健康、人身安全放在首位，承运人对按规定免票的乘客的安全保障义务与对支付完全票款的乘客的安全保障义务并无区别，如果运输过程中发生伤亡事故，承运人的赔偿责任也无不同。

但是，根据法律规定，乘客出现以下两种情形时，承运人可以免除赔偿责任：（1）乘客因自身健康原因，如突发脑梗等急性疾病而伤亡；（2）承运人有证据证明乘客故意或者重大过失造成伤亡，如公交车行驶过程中乘客殴打司机导致自己摔倒受伤、把肢体伸出车窗外受伤等。

案例中阿伟和奶奶乘坐公交车时，虽未与公交公司签订书面的合同，但双方实际上已经形成了客运合同关系。阿伟和奶奶作为乘客负有遵守运营规则、支付票价、爱护公共设施等义务，公交公司作为承运人则负有安全谨慎驾驶、将乘客安全送往目的地等义务。阿伟属于依规定免票的乘客，根据《民法典》第823条的规定，公交车行驶途中发生事故造成阿伟受伤，公交公司不得以阿伟未支付票款而拒绝赔偿。对持有老年人、军人、残疾人等优惠卡或者经公交公司同意免费搭乘的其他受伤乘客，公交公司也应依法赔付。

法律依据

《中华人民共和国民法典》

第八百二十三条 承运人应当对运输过程中旅客的伤亡承担赔偿责任；但是，伤亡是旅客自身健康原因造成的或者承运人证明伤亡是旅客故意、重大过失造成的除外。

前款规定适用于按照规定免票、持优待票或者经承运人许可搭乘的无票旅客。

15. 未成年人驾驶电动自行车发生车祸，造成他人受伤，由谁担责？

典型案例

小光的父母常年在外务工，无法接送小光上下学。上初中后，13 岁的小光为了节省时间，便要求父母为其购置了一辆电动自行车。某日放学途中，小光着急回家，在路口转弯时由于刹车不及时，不慎将正在闯红灯的路人孙某撞倒，导致孙某骨折。孙某报警后经交警部门认定，小光与孙某承担同等责任。孙某找到小光索要赔偿，但小光的父母认为小光还是个孩子，不懂事，是无意的，拒绝赔偿孙某。

以案普法

为了孩子出行方便，有的家长让孩子自己骑电动自行车上下学。然而，电动自行车并非人人都可以驾驶。未成年人由于应急能力较差、安全意识较弱，驾驶电动自行车存在很大的安全隐患。对此，我国《道路交通安全法实施条例》第 72 条明确规定，未满 12 周岁的未成年人不得驾驶自行车、三轮车，未满 16 周岁的未成年人不得驾驶电动自行车、残疾人机动轮椅车。因此，家长作为未成年子女的监护人，应尽到监护职责，加强对孩子的交通安全教育和监管，使孩子注意自身及他人安全，同时为孩子选择安全合理的出行方式，不得让孩子违法驾驶电动自行车。

案例中，小光未满 16 周岁就驾驶电动自行车，不仅违反法律规定，更是对自己和他人的人身安全不负责任。小光驾驶电动自行车发生事故，造成孙某受伤，小光在事故中与孙某承担同等责任，根据《民法典》第 1165 条的规定，小光对事故的发生有过错，应承担相应的责任。但由于小光属于限制民事行为能力人，依法不能独立承担责任，小光的父母作为监护人应承担侵权责任。如果小光的父母尽到教育管理等监护职责，可以减轻其侵权责任。孙某可以根据《民法典》第1188条的规定要求小光的父母赔偿，如果小光本人有财产，先从小光本人的财产中支付赔偿款，不足部分由小光的父母支付。

法律依据

《中华人民共和国民法典》

第一千一百六十五条 行为人因过错侵害他人民事权益造成损害的，应当承担侵权责任。

……

第一千一百八十八条 无民事行为能力人、限制民事行为能力人造成他人损害的，由监护人承担侵权责任。监护人尽到监护职责的，可以减轻其侵权责任。

有财产的无民事行为能力人、限制民事行为能力人造成他人损害的，从本人财产中支付赔偿费用；不足部分，由监护人赔偿。

《中华人民共和国道路交通安全法实施条例》

第七十二条 在道路上驾驶自行车、三轮车、电动自行车、残疾人机动轮椅车应当遵守下列规定：

（一）驾驶自行车、三轮车必须年满12周岁；

（二）驾驶电动自行车和残疾人机动轮椅车必须年满16周岁；

……

16. 孩子私放家犬上街致人受伤，如何担责？

典型案例

7岁的笑笑一直在老家随爷爷奶奶生活，为避免笑笑寂寞，常年在外地工作的父母为笑笑买了一条金毛犬。笑笑觉得金毛犬性情温和，不会咬人，总是偷偷将金毛犬带出门向伙伴们炫耀，而且从不拴狗绳。某日，笑笑带着金毛犬上街时，金毛犬在马路上狂奔，撞倒了一名老人，致使老人多处骨折。老人要求赔偿，但笑笑的家人并不愿意赔偿，认为是金毛犬自己撞倒老人的，与笑笑无关。

以案普法

近年来，养宠物的人越来越多，饲养的宠物伤人引发的纠纷也不少。为了防止动物可能对社会公众造成的损害，动物饲养人或管理人对饲养的动物负有相应的安全管理义务。例如，携带宠物犬外出时，应系好犬绳、戴上嘴罩，还要注意避让行人，尤其遇到小孩、孕妇、老人等要保持安全距离，防止宠物伤人。如果动物饲养人或管理人未尽到安全管理义务，则应当承担侵权责任。当然，如果动物饲养人或管理人能证明被侵权人存在故意，如主动挑逗、激怒、虐待动物致使动物反抗等，可以减轻饲养人、管理人的责任。

案例中，笑笑带金毛犬上街时，没有采取拴绳等安全措施，导致老人受伤，由于笑笑属于无民事行为能力人，根据《民法典》第1188条和第1246条的规定，笑笑的监护人应当承担侵权责任，赔偿老人相应的损失。因此，监护人应加强对未成年子女的监管，教育未成年子女树立安全意识，不要让未成年子女独自带宠物外出。

此外，根据《民法典》第1249条的规定，动物饲养人、管理人遗弃动物，或者饲养的动物走失的，在遗弃和走失期间造成他人受伤的，原动物饲养人或管理人仍应承担侵权赔偿责任。因此，饲养动物不能一时兴起，应采取相应的安全措施，做好对动物负责、对他人生命健康负责的充分准备。

法律依据

《中华人民共和国民法典》

第一千一百八十八条 无民事行为能力人、限制民事行为能力人造成他人损害的，由监护人承担侵权责任。监护人尽到监护职责的，可以减轻其侵权责任。

有财产的无民事行为能力人、限制民事行为能力人造成他人损害的，从本人财产中支付赔偿费用；不足部分，由监护人赔偿。

第一千二百四十六条 违反管理规定，未对动物采取安全措施造成他人损害的，动物饲养人或者管理人应当承担侵权责任；但是，能够证明损害是因被侵权人故意造成的，可以减轻责任。

第一千二百四十九条 遗弃、逃逸的动物在遗弃、逃逸期间造成他人损害的，由动物原饲养人或者管理人承担侵权责任。

《中华人民共和国动物防疫法》

第三十条 ……

携带犬只出户的，应当按照规定佩戴犬牌并采取系犬绳等措施，防止犬只伤人、疫病传播。

……

17. 留守儿童假期在水库游泳溺水身亡，可以要求水库管理者赔偿吗？

典型案例

初中生小亮的父母长期在外地打工，小亮一直随爷爷奶奶在农村生活。放暑假后，小亮与同村的小伙伴相约去水库玩耍。水库边立有多个“禁止游泳”的警示牌，但为了向小伙伴们炫耀自己的游泳技术，小亮不顾伙伴们的劝阻，坚持下水游泳。小亮下水后小腿突然抽筋，动弹不得，立即呼救。可小伙伴们都不会游泳，周围也没其他人，小伙伴们有的去找村里会游泳的人救命，有的报警。不幸的是，等救援人员到来时，小亮因体力不支已溺水身亡。小亮的父母悲痛不已，认为水库的管理者没有在水库四周采取封闭、设置栏杆等措施，水库管理者应当对小亮的溺亡承担赔偿责任。

以案普法

每逢炎热的夏季，未成年人在水库溺亡的悲剧屡屡见诸报端。案例中的小亮无视朋友们的劝阻和水库警示标志，坚持下水游泳，最终造成了无法挽回的后果。小亮的父母能否向水库要求赔偿，关键在于水库管理者对前去游泳的小亮是否具有安全保障义务。

根据《民法典》第 1198 条的规定，具有安全保障义务的场所主要包括宾馆、商场、银行、车站、娱乐场所等公共场所，这些公共场所的管理者应保障场所内建筑物、各种设施、运输工具等不存在安全隐患，同时也负有对场所内可能发生的危险进行告知、提示和防范制止的义务。但水库作为公共基础设施，功能为防洪、蓄水灌溉、供水等，并不属于经营场所、公共场所。案例中的水库设置了多处明显的警示标志，已经尽到安全提示等义务。小亮作为一名初中生，应遵守警示牌载明的内容，对在水库游泳可能存在的危险应有一定的认知，但他却不听劝阻、无视警告，执意下水游泳，自身存在过错。小亮的父母作为监护人，未对孩子尽到监护、管理、教育职责，未能审慎、安全地照管小亮，应当承担相应的后果。水库管理者对于小亮的溺亡没有过错，无须承担赔偿责任。

法律依据

《中华人民共和国民法典》

第一千一百九十八条　宾馆、商场、银行、车站、机场、体育场馆、娱乐场所等经营场所、公共场所的经营者、管理者或者群众性活动的组织者，未尽到安全保障义务，造成他人损害的，应当承担侵权责任。

……

第四章

留守儿童校园安全与自我保护

1. 学生在校园里互相打闹受伤，学校需承担责任吗？

典型案例

兰兰的父母常年在外务工，无暇照顾兰兰，便将兰兰送至某村蓝天寄宿幼儿园读小班。某日上课期间，老师临时有事被园长叫出教室，由于事情紧急，老师没来得及安排其他人接班。趁老师不在教室，兰兰和其他小朋友开始围着桌椅相互追逐、玩耍嬉闹。兰兰在跑跳时不慎摔倒，头撞到了椅子上，缝了好几针。兰兰的家长找到幼儿园讨说法，但幼儿园称兰兰是自己摔倒的，与老师和幼儿园无关。

以案普法

未成年人多数时间在学校或其他教育机构中度过，因为在校期间暂时脱离了监护人的保护，为全面保护未成年人，学校等教育机构应履行教育、管理职责，保护未成年人在校期间的人身财产安全。然而，未成年人安全意识和自我保护能力较弱，在校期间与同学难免会有打闹玩耍，由此造成的意外事故也不在少数。我国《民法典》第1199条和第1200条对无民事行为能力人和限制民事行为能力人在学校或者其他教育机构学习、生活期间受到人身损害时，由谁承担侵权责任这一问题进行了明确规定，具体分为以下两种情形：

（1）无民事行为能力人在校期间受到人身损害，学校等教育机构承担过错推定责任。无民事行为能力人是指兰兰这样不满 8 周岁的未成年人以及 8 周岁以上但不能辨认自己行为的未成年人或者成年人。由于无民事行为能力人的认知和判断能力欠缺，《民法典》第 1199 条推定学校或者其他教育机构有过错，应承担侵权赔偿责任。如果学校或教育机构有证据证明自身尽到了教育、管理职责，那么不承担侵权责任。案例中，兰兰是幼儿园学生，属于无民事行为能力人，蓝天幼儿园的老师在上课期间离开教室，也未安排其他老师对孩子进行看护，导致兰兰在玩耍期间摔倒受伤，幼儿园明显未尽到教育、管理职责，应当对兰兰的受伤承担侵权赔偿责任。

（2）限制民事行为能力人在校期间受到人身损害，学校等教育机构承担过错责任。限制民事行为能力人是指 8 周岁以上，不满 18 周岁的未成年人以及不能完全辨认自己行为的成年人，限制民事行为能力人的年龄、智力、自我管控能力有进一步的提升，对于自己在校期间能做什么、不能做什么以及可能存在的危险有一定程度的认知。因此，这种情形下学校等教育机构的责任，与《民法典》第 1199 条规定的过错推定责任不同，学校等教育机构无须证明自己已尽到教育、管理职责，而是由受到伤害的限制民事行为能力人证明学校等教育机构没有尽到教育、管理职责。

法律依据

《中华人民共和国民法典》

第一千一百九十九条　无民事行为能力人在幼儿园、学校或者其他教育机构学习、生活期间受到人身损害的，幼儿园、学校或者其他教育机构应当承担侵权责任；但是，能够证明尽到教育、管理职责的，不承担侵权责任。

第一千二百条　限制民事行为能力人在学校或者其他教育机构学习、生活期间受到人身损害，学校或者其他教育机构未尽到教育、管理职责的，应当承担侵权责任。

2. 留守儿童在校期间遭受校园欺凌，怎么办？

典型案例

小王和小刘是某乡镇寄宿中学同班同学，父母均长期在外打工，极少回家。在校期间，小王经常遭受小刘的辱骂、殴打，小王多次向班主任张老师反映情况无果。2021年4月，小刘再次对小王进行辱骂殴打，并强迫小王下跪，不堪受辱的小王挣扎时不慎从楼梯摔下，造成多处摔伤。事故发生后，学校为小王垫付了500元医疗费。小王不敢跟家人说受伤的事，不想再去学校上学了。

以案普法

校园欺凌并非仅包括殴打等肢体行为，还包括通过语言及网络等手段实施欺压、侮辱等行为。农村留守儿童长期缺少父母的陪伴与教育，生活、学习环境相对封闭，容易成为校园欺凌的对象。留守儿童如果像小王那样遭受校园欺凌，可从以下几个方面维护自身权益：

（1）及时告诉家长。家长得知后，要保持冷静，稳定孩子情绪，多陪伴关爱孩子，鼓励孩子勇敢说出事实。同时，受到校园欺凌，需主动与学校老师沟通，积极搜集保存音频、视频等证据，必要时可选择报警，运用法律武器保护自己。

（2）向学校报告。根据《未成年人保护法》第 39 条的规定，学校应立即制止欺凌行为，对小刘这样实施欺凌的学生，要加强管教，给予其父母必要的教育指导。对严重的欺凌行为，还应及时向当地公安机关、教育行政部门报告。同时，要对相关学生及时进行心理辅导。

（3）向公安机关报案。如果遭遇校园欺凌，可及时向公安机关报案，构成违反治安管理行为的，由公安机关依法给予处罚；构成犯罪的，依法追究刑事责任。需要注意的是，根据《刑法》第 17 条的规定，虽案例中的小刘未满 16 周岁无须接受刑事处罚，但并不能由监护人简单赔钱了事，必要时还需要进行专门矫治教育。

（4）向法院起诉。留守儿童的民事权益如果因欺凌行为而受到侵害，家长作为法定代理人可以依据《民法典》第120条的规定请求侵权人承担侵权责任。根据《民法典》第1188条的规定，未成年学生实施欺凌造成他人损害，由其监护人承担侵权责任。根据《民法典》第1200条的规定，学生在校期间受到人身损害，如果学校未尽到教育、管理职责，也应承担侵权责任。因此，案例中小王和父母可以将小刘的父母、学校诉至法院，要求承担侵权责任。

法律依据

《中华人民共和国未成年人保护法》

第三十九条 学校应当建立学生欺凌防控工作制度，对教职员工、学生等开展防治学生欺凌的教育和培训。

学校对学生欺凌行为应当立即制止，通知实施欺凌和被欺凌未成年学生的父母或者其他监护人参与欺凌行为的认定和处理；对相关未成年学生及时给予心理辅导、教育和引导；对相关未成年学生的父母或者其他监护人给予必要的家庭教育指导。

对实施欺凌的未成年学生，学校应当根据欺凌行为的性质和程度，依法加强管教。对严重的欺凌行为，学校不得隐瞒，应当及时向公安机关、教育行政部门报告，并配合相关部门依法处理。

《中华人民共和国民法典》

第一百二十条 民事权益受到侵害的，被侵权人有权请求侵权人承担侵权责任。

第一千一百八十八条 无民事行为能力人、限制民事行为能力人造成他人损害的，由监护人承担侵权责任。监护人尽到监护职责的，可以减轻其侵权责任。

有财产的无民事行为能力人、限制民事行为能力人造成他人损害的，从本人财产中支付赔偿费用；不足部分，由监护人赔偿。

第一千二百条 限制民事行为能力人在学校或者其他教育机构学习、生活期间受到人身损害，学校或者其他教育机构未尽到教育、管理职责的，应当承担侵权责任。

《中华人民共和国刑法》

第十七条 ……

因不满十六周岁不予刑事处罚的，责令其父母或者其他监护人加以管教；在必要的时候，依法进行专门矫治教育。

3. 学生在学校的足球比赛中受伤，谁来担责？

典型案例

小齐从小就是足球爱好者，也是村里学校足球队的队员，曾多次在学校比赛中取得不错的成绩。今年，小齐再次报名参加校足球赛，但在激烈的比赛中，小齐为抵挡对手小白的进攻不慎被小白撞倒，造成骨折。比赛现场没有医护人员，小齐等了很久才被送往医院治疗。得知此事后，在城里务工的小齐父母连夜赶回老家，找到学校和小白的父母，要求赔偿，但学校和小白父母互相推脱责任，都不愿意赔偿小齐的损失。

以案普法

体育竞技活动有利于强身健体，但同时也有一定的风险。尤其是足球、篮球等比赛中参与人数多，对抗性强，运动员受伤是常见现象。如果像小齐这样在参加有风险性的体育比赛过程中，被其他参加者撞伤，应该由谁承担责任呢？小齐作为足球爱好者，对于足球比赛中可能存在的危险有一定的认知，但仍然自愿报名参加比赛，说明小齐自愿承担比赛产生的风险，这种行为属于自甘风险。根据《民法典》第 1176 条第 1 款的规定，小齐没有证据证明对手小白撞伤自己时有故意或者重大过失，小白与小齐的碰撞在合理范围内，小白不构成侵权，小齐对于自己的受伤应当自行承担一定责任。

但是，自甘风险并不一定意味着小齐的损失全部由自己承担。对于学校而言，学校作为足球比赛的组织者，在管理、安全保障、应急处置等方面负有责任。而且，参加足球比赛的运动员均为在校的未成年人，学校更应做好安全培训、准备护具和急救药物、在现场安排医护人员等工作，但学校没有做到这些，没有尽到安全保障义务，应承担相应的赔偿责任。

法律依据

《中华人民共和国民法典》

第一千一百七十六条 自愿参加具有一定风险的文体活动，因其他参加者的行为受到损害的，受害人不得请求其他参加者承担侵权责任；但是，其他参加者对损害的发生有故意或者重大过失的除外。

活动组织者的责任适用本法第一千一百九十八条至第一千二百零一条的规定。

第一千一百九十八条 宾馆、商场、银行、车站、机场、体育场馆、娱乐场所等经营场所、公共场所的经营者、管理者或者群众性活动的组织者，未尽到安全保障义务，造成他人损害的，应当承担侵权责任。

……

第一千二百条 限制民事行为能力人在学校或者其他教育机构学习、生活期间受到人身损害，学校或者其他教育机构未尽到教育、管理职责的，应当承担侵权责任。

4. 校车接送学生途中发生交通事故，由谁承担责任？

典型案例

小凯的父母常年在外地打工，因爷爷奶奶文化程度不高，小凯的父母便将小凯送至当地有名的双语幼儿园读书。小凯所在的幼儿园有校车，并聘用了校车司机，每天都由校车负责接送孩子，由于人手不够，校车上没有随车人员。某日，司机在接送孩子的途中因车速过快与其他车辆追尾，造成多名孩子受伤。经交警部门认定，校车司机承担全部责任。家长们向幼儿园讨说法，但幼儿园称车祸是司机自己造成的，让家长们找司机，但司机在发生事故后已离职，家长们不知道该找谁赔偿。

以案普法

随着校车的不断普及，校车安全问题也逐渐进入人们的视野。根据《未成年人保护法》第 36 条及《校车安全管理条例》第 38 条的规定，使用校车的学校应当建立健全校车安全管理制度，对校车司机进行安全知识和技能的培训教育，定期对校车进行安全检查等。案例中，小凯所在的幼儿园配备有校车，聘用司机驾驶校车接送学生，学校和司机应保障学生的安全。但是，校车接送学生途中，车速较快酿成事故，交警部门认定校车司机对交通事故负全责。由于校车司机属于幼儿园的工作人员，司机驾驶校车接送学生是在执行工作任务，根据《民法典》第1191条规定，应由用人单位即幼儿园承担责任。

需要注意的是，校车司机车速较快导致事故发生，交警部门认定校车司机负全责，因此校车司机对事故的发生有重大过失，根据《民法典》第1191条的规定，幼儿园承担责任后，可以向司机追偿。但是，幼儿园作为用人单位应承担一定的经营风险和用人风险，小凯所在的幼儿园既未安排随车照管人员，也没有对司机及乘坐幼儿进行相应的安全培训，未尽到监督管理职责，不能通过追偿将全部经营风险都转嫁给司机。

法律依据

《中华人民共和国民法典》

第一千一百九十一条 用人单位的工作人员因执行工作任务造成他人损害的，由用人单位承担侵权责任。用人单位承担侵权责任后，可以向有故意或者重大过失的工作人员追偿。

……

第一千一百九十九条 无民事行为能力人在幼儿园、学校或者其他教育机构学习、生活期间受到人身损害的，幼儿园、学校或者其他教育机构应当承担侵权责任；但是，能够证明尽到教育、管理职责的，不承担侵权责任。

《中华人民共和国未成年人保护法》

第三十六条　使用校车的学校、幼儿园应当建立健全校车安全管理制度，配备安全管理人员，定期对校车进行安全检查，对校车驾驶人进行安全教育，并向未成年人讲解校车安全乘坐知识，培养未成年人校车安全事故应急处理技能。

《校车安全管理条例》

第三十八条　配备校车的学校、校车服务提供者应当指派照管人员随校车全程照管乘车学生。校车服务提供者为学校提供校车服务的，双方可以约定由学校指派随车照管人员。

学校和校车服务提供者应当定期对随车照管人员进行安全教育，组织随车照管人员学习道路交通安全法律法规、应急处置和应急救援知识。

5. 学生集体食物中毒，由谁承担责任?

典型案例

小明被长期在外务工的父母送至老家的一所寄宿中学读书，平日吃饭都在学校食堂。某日，食堂工作人员烹制豆角时未煮熟，导致小明在内的数百名学生食物中毒。学生们出现不同程度的呕吐、昏迷等症状，被送往医院治疗。家长们找到学校讨说法，学校却称食堂由某餐饮公司承包，让家长们去找餐饮公司要赔偿，但家长们发现餐饮公司根本不具备处理食品安全事故的能力。

以案普法

校园食品安全是校园安全工作的重中之重。保障学生“舌尖上的安全”需要学校、政府及社会各界共同努力。我国《食品安全法》第57条规定，学校等集中用餐单位的食堂应当严格遵守法律、法规和食品安全标准。2019年，我国教育部、国家市场监督管理总局、国家卫生健康委员会联合公布了《学校食品安全与营养健康管理规定》，对校园食品安全管理体制、学校职责、食堂管理、应急处置、责任追究等进行了详细规定，为校园食品安全保驾护航。

案例中，学校食堂由餐饮公司承包经营，食堂发生食物中毒事件，餐饮公司造成学生们人身损害，应承担侵权赔偿责任。同时，小明在内的学生们在学校学习、生活，学校应根据《学校食品安全与营养健康管理规定》第23条的规定，选择具有食品经营许可、能承担食品安全责任的餐饮公司，保障学生们的食品安全。但是，该学校选择的餐饮公司并不具备承担食品安全责任的能力，学校未尽到审慎审查义务和管理职责，导致受害学生无法得到赔偿，学校应承担补充责任。学校承担补充责任后，可以向餐饮公司追偿。

法律依据

《中华人民共和国民法典》

第一千二百零一条　无民事行为能力人或者限制民事行为能力人在幼儿园、学校或者其他教育机构学习、生活期间，受到幼儿园、学校或者其他教育机构以外的第三人人身损害的，由第三人承担侵权责任；幼儿园、学校或者其他教育机构未尽到管理职责的，承担相应的补充责任。幼儿园、学校或者其他教育机构承担补充责任后，可以向第三人追偿。

《中华人民共和国食品安全法》

第五十七条　学校、托幼机构、养老机构、建筑工地等集中用餐单位的食堂应当严格遵守法律、法规和食品安全标准；从供餐单位订餐的，应当从取得食品生产经营许可的企业订购，并按照要求对订购的食品进行查验。供餐单位应当严格遵守法律、法规和食品安全标准，当餐加工，确保食品安全。

……

《学校食品安全与营养健康管理规定》

第二十三条　……

引入社会力量承包或者委托经营学校食堂的，应当以招投标等方式公开选择依法取得食品经营许可、能承担食品安全责任、社会信誉良好的餐饮服务单位或者符合条件的餐饮管理单位。

学校应当与承包方或者受委托经营方依法签订合同，明确双方在食品安全与营养健康方面的权利和义务，承担管理责任，督促其落实食品安全管理制度、履行食品安全与营养健康责任。承包方或者受委托经营方应当依照法律、法规、规章、食品安全标准以及合同约定进行经营，对食品安全负责，并接受委托方的监督。

6. 学生遭受老师性侵害，如何维权？

典型案例

琪琪的父母多年来一直在外打工，很少回家。琪琪12岁刚上初一时，某日被一名男教师以补习功课为由叫到办公室。谈话期间，老师屡次将手伸到琪琪衣服中抚摸她的胸部，还拍了照片。琪琪立马躲开，但却遭到老师的威胁，称如果反抗，就会把照片发给其他人。此后三年内，该老师多次对琪琪进行性侵害，还经常给琪琪发送黄色图片、淫秽话语。琪琪不敢告诉任何人，一度产生轻生的念头。

以案普法

近年来，未成年人在校期间遭受性骚扰、性侵害的案件时有发生，让人深感痛心。受传统观念影响，很多家长对未成年子女的性教育避而不谈，学校开展性教育的积极性也不高，导致未成年人的自我保护意识不强，很多未成年人遭受性骚扰、性侵害时不敢维权，一味隐忍，严重影响了身心健康。学生如果像琪琪一样遭遇性侵害，可以通过以下途径维权：

（1）及时告知父母。父母要多关心孩子，如果发现孩子情绪异常，要引导孩子说出事实，并对孩子做好心理疏导。同时要保存证据，通过法律途径保护孩子。

（2）向学校报告。根据《民法典》第1010条及《未成年人保护法》第40条的规定，学校应当对琪琪及时采取相关保护措施，并对事件进行调查处置，向公安机关和教育行政部门报告。

（3）向公安机关报案。如果遭遇性骚扰、性侵害，可以向公安机关报案。根据《刑法》第237条的规定，该教师对琪琪实施猥亵时，琪琪尚不满14周岁，该教师涉嫌猥亵儿童罪，且多次猥亵，属于加重情形，可能被判处5年以上有期徒刑。

（4）向法院起诉。琪琪及其父母可以依据《民法典》第1010条的规定将该教师诉至法院，要求该教师承担赔礼道歉、赔偿损失等责任。同时，根据《民法典》第191条的规定，琪琪遭受性侵害，琪琪主张损害赔偿请求权的诉讼时效可以自其年满18周岁之日起计算。

法律依据

《中华人民共和国民法典》

第一百九十一条 未成年人遭受性侵害的损害赔偿请求权的诉讼时效期间，自受害人年满十八周岁之日起计算。

第一千零一十条 违背他人意愿，以言语、文字、图像、肢体行为等方式对他人实施性骚扰的，受害人有权依法请求行为人承担民事责任。

机关、企业、学校等单位应当采取合理的预防、受理投诉、调查处置等措施，防止和制止利用职权、从属关系等实施性骚扰。

《中华人民共和国未成年人保护法》

第四十条 学校、幼儿园应当建立预防性侵害、性骚扰未成年人工作制度。对性侵害、性骚扰未成年人等违法犯罪行为，学校、幼儿园不得隐瞒，应当及时向公安机关、教育行政部门报告，并配合相关部门依法处理。

学校、幼儿园应当对未成年人开展适合其年龄的性教育，提高未成年人防范性侵害、性骚扰的自我保护意识和能力。对遭受性侵害、性骚扰的未成年人，学校、幼儿园应当及时采取相关的保护措施。

《中华人民共和国刑法》

第二百三十六条 以暴力、胁迫或者其他手段强奸妇女的，处三年以上十年以下有期徒刑。

奸淫不满十四周岁的幼女的，以强奸论，从重处罚。

强奸妇女、奸淫幼女，有下列情形之一的，处十年以上有期徒刑、无期徒刑或者死刑：

（一）强奸妇女、奸淫幼女情节恶劣的；

（二）强奸妇女、奸淫幼女多人的；

（三）在公共场所当众强奸妇女、奸淫幼女的；

（四）二人以上轮奸的；

（五）奸淫不满十周岁的幼女或者造成幼女伤害的；

（六）致使被害人重伤、死亡或者造成其他严重后果的。

第二百三十六条之一　对已满十四周岁不满十六周岁的未成年女性负有监护、收养、看护、教育、医疗等特殊职责的人员，与该未成年女性发生性关系的，处三年以下有期徒刑；情节恶劣的，处三年以上十年以下有期徒刑。

有前款行为，同时又构成本法第二百三十六条规定之罪的，依照处罚较重的规定定罪处罚。

第二百三十七条　以暴力、胁迫或者其他方法强制猥亵他人或者侮辱妇女的，处五年以下有期徒刑或者拘役。

聚众或者在公共场所当众犯前款罪的，或者有其他恶劣情节的，处五年以上有期徒刑。

猥亵儿童的，处五年以下有期徒刑；有下列情形之一的，处五年以上有期徒刑：

（一）猥亵儿童多人或者多次的；

（二）聚众猥亵儿童的，或者在公共场所当众猥亵儿童，情节恶劣的；

（三）造成儿童伤害或者其他严重后果的；

（四）猥亵手段恶劣或者有其他恶劣情节的。

7. 孩子点燃村小学门房，责任该如何承担？

典型案例

春节过后，父母们又去外地打工了。开学后，7岁的小王、小刘和小吴趁爷爷奶奶不注意，偷偷携带过年期间剩下的鞭炮来到学校，并在上课期间溜出教室，在门房旁边的空地燃放鞭炮。由于天气干燥，三人点鞭炮时不慎点燃了门房旁的草垛，进而引燃了门房，造成学校经济损失6万余元。学校找三个孩子的家长协商赔偿事宜，但三家家长却互相推诿，还称是学校没管好孩子，损失应该由学校自己承担。

以案普法

未成年人身心发育不够成熟，对事物的认知不够完善，因此，未成年人的安全教育需要家庭、学校乃至整个社会的重视。未成年人的安全教育不仅包括增强未成年人自我保护意识，还包括教育未成年人遵纪守法，树立规则意识，不能损害他人的合法权益。案例中，小王、小刘和小吴在校期间造成学校财产损害，根据《民法典》第1165条及第1188条的规定，应当由小王、小刘和小吴的父母承担侵权责任。小王、小刘和小吴的父母未存放好过年期间剩下的鞭炮，导致三个孩子将鞭炮带到学校，父母作为监护人，未尽到监护职责，不能减轻责任。同时，由于小王、小刘和小吴共同将学校门房点燃，根据《民法典》第1168条的规定，三家应当承担连带责任。

对于学校来说，学校应对未成年学生尽到教育、管理的职责，案例中小王、小刘和小吴上课期间私自跑出教室，门房无人值守，没人及时发现并制止小王、小刘和小吴燃放鞭炮的行为，学校对于损害的发生也有一定的过错，也应当承担一定的责任。

法律依据

《中华人民共和国民法典》

第二十条　不满八周岁的未成年人为无民事行为能力人，由其法定代理人代理实施民事法律行为。

第一千一百六十五条　行为人因过错侵害他人民事权益造成损害的，应当承担侵权责任。

……

第一千一百六十八条　二人以上共同实施侵权行为，造成他人损害的，应当承担连带责任。

第一千一百八十八条　无民事行为能力人、限制民事行为能力人造成他人损害的，由监护人承担侵权责任。监护人尽到监护职责的，可以减轻其侵权责任。

有财产的无民事行为能力人、限制民事行为能力人造成他人损害的，从本人财产中支付赔偿费用；不足部分，由监护人赔偿。

8. 雇用 14 岁农村留守儿童并为其发放报酬，如何定性？

典型案例

小刘从小对学习不感兴趣，成绩一直不太好，他总是认为好好学习不如早点出去打工赚钱。14 岁时，小刘再也无法忍受父母和老师的管教，便悄悄跑到县城的一家饭店打工。饭店老板看小刘头脑灵活，干活也勤快，便雇用他做后厨员工并按期发放工资。后来，父母找到小刘，要将小刘带回家，饭店老板却称小刘是自愿来干活的，而且饭店已经与小刘签了合同，不让小刘回去。

以案普法

为全面保护未成年人，我国《劳动法》第 15 条及《未成年人保护法》第 61 条明确规定任何组织或者个人不得招用未满 16 周岁的未成年人。因此，不管未满 16 周岁的未成年人是否自愿给单位或个人打工，单位或个人只要招用了未满16周岁的未成年人，就是雇用童工的违法行为。与此同时，《劳动法》第15条第2款及《禁止使用童工规定》第13条对于文艺、体育单位招用不满16周岁的文艺工作者、运动员进行了例外规定，此类情形虽不属于招用童工，但需经其监护人同意，且要保障未成年人的身心健康和接受教育的权利。

案例中，小刘虽然自愿去饭店打工，但其未满16周岁，老板与小刘签订合同、发放工资，属于雇用童工的违法行为。劳动保障行政部门将对饭店老板进行以下处罚：(1)按照每使用一名童工每月处5000元的标准罚款；(2)责令饭店限期将小刘送回原居住地交其父母或者其他监护人，所需交通和食宿费用全部由饭店承担。

法律依据

《中华人民共和国劳动法》

第十五条 禁止用人单位招用未满十六周岁的未成年人。

文艺、体育和特种工艺单位招用未满十六周岁的未成年人，必须遵守国家有关规定，并保障其接受义务教育的权利。

《中华人民共和国未成年人保护法》

第六十一条 任何组织或者个人不得招用未满十六周岁未成年人，国家另有规定的除外。

……

《禁止使用童工规定》

第六条 用人单位使用童工的，由劳动保障行政部门按照每使用一名童工每月处5000元罚款的标准给予处罚；在使用有毒物品的作业场所使用童工的，按照《使用有毒物品作业场所劳动保护条例》规定的罚款幅度，或者按照每使用一名童工每月处5000元罚款的标准，从重处罚。劳动保障行政部门并应当责令用人单位限期将童工送回原居住地交其父母或者其他监护人，所需交通和食宿费用全部由用人单位承担。

用人单位经劳动保障行政部门依照前款规定责令限期改正，逾期仍不将童工送交其父母或者其他监护人的，从责令限期改正之日起，由劳动保障行政部门按照每使用一名童工每月处1万元罚款的标准处罚，并由工商行政管理部门吊销其营业执照或者由民政部门撤销民办非企业单位登记；用人单位是国家机关、事业单位的，由有关单位依法对直接负责的主管人员和其他直接责任人员给予降级或者撤职的行政处分或者纪律处分。

第十三条 文艺、体育单位经未成年人的父母或者其他监护人同意，可以招用不满16周岁的专业文艺工作者、运动员。用人单位应当保障被招用的不满16周岁的未成年人的身心健康，保障其接受义务教育的权利。文艺、体育单位招用不满16周岁的专业文艺工作者、运动员的办法，由国务院劳动保障行政部门会同国务院文化、体育行政部门制定。

……

9. 如何预防留守儿童犯罪？

典型案例

14 岁的小崔一直随爷爷在老家生活，父母早已离异。由于爷爷年迈，父母又分别组建了新家庭，大家都无暇顾及小崔。渐渐地，小崔开始与社会上的一些“好哥们儿”交往，经常相约去网吧、酒吧、KTV 玩耍。由于无力负担高消费，小崔便开始偷东西，后又在“好哥们儿”的带领下尝试吸毒，成了“瘾君子”。后来，小崔越来越堕落，最终因犯抢劫罪和贩卖毒品罪被判处有期徒刑。

以案普法

近年来，未成年人犯罪已成为全社会关注的问题。长期以来，我国致力于从立法、司法、政府政策、社会等各个方面预防未成年人犯罪。案例中的小崔由于长期缺少父母关怀和正确引导，最终走了弯路，令人惋惜。预防未成年人犯罪，需要家庭、学校、政府的共同努力。

（1）家庭方面。根据《预防未成年人犯罪法》第 29 条的规定，父母要尽到监护职责，应当时刻关注未成年子女的身心健康、交友等，一旦发现孩子有不良行为，要及时制止并加以管教。同时，父母应当意识到，对孩子的教育不仅仅是金钱付出，更是爱的陪伴和良好品行的培养。案例中，小崔的父母对小崔不闻不问，没有及时发现并制止小崔的不良行为，导致小崔最终走上犯罪道路。

（2）学校方面。学校应当依据《预防未成年人犯罪法》第32条的规定与家庭建立家校合作机制，发现未成年学生有不良行为时，要及时加以管教，与未成年人的父母或监护人及时沟通联系，采取合适的教育管理措施。未成年学生的父母应予以支持和配合。

（3）政府方面。教育行政部门应当根据《预防未成年人犯罪法》第17条、第20条的规定采取多种方式对小崔在内的学生开展预防未成年人犯罪教育，建立健全预防未成年人犯罪制度。

法律依据

《中华人民共和国预防未成年人犯罪法》

第十七条 教育行政部门、学校应当将预防犯罪教育纳入学校教学计划，指导教职员工结合未成年人的特点，采取多种方式对未成年学生进行有针对性的预防犯罪教育。

第二十条 教育行政部门应当会同有关部门建立学生欺凌防控制度。学校应当加强日常安全管理，完善学生欺凌发现和处置的工作流程，严格排查并及时消除可能导致学生欺凌行为的各种隐患。

第二十九条　未成年人的父母或者其他监护人发现未成年人有不良行为的，应当及时制止并加强管教。

第三十二条　学校和家庭应当加强沟通，建立家校合作机制。学校决定对未成年学生采取管理教育措施的，应当及时告知其父母或者其他监护人；未成年学生的父母或者其他监护人应当支持、配合学校进行管理教育。

图书在版编目（CIP）数据

法律明白人老年人与留守儿童权益保护实用问答：以案普法版 / 张闻晋，胡翔著 . —北京：中国法制出版社，2023.6

ISBN 978-7-5216-3361-0

Ⅰ.①法… Ⅱ.①张… ②胡… Ⅲ.①老年人权益保障法-中国-问题解答②农村-妇女儿童权益保护-中国-问题解答 Ⅳ.①D922.75

中国国家版本馆 CIP 数据核字（2023）第 042659 号

责任编辑：王佩琳（wangpeilin@zgfzs.com）　　封面设计：周黎明

法律明白人老年人与留守儿童权益保护实用问答（以案普法版）

FALÜ MINGBAIREN LAONIANREN YU LIUSHOU ERTONG QUANYI BAOHU SHIYONG WENDA（YI AN PUFABAN）

著者/张闻晋　胡翔

经销/新华书店

印刷/三河市紫恒印装有限公司

开本/880 毫米×1230 毫米　32 开　　印张/4.5　字数/63 千

版次/2023 年 6 月第 1 版　　2023 年 6 月第 1 次印刷

中国法制出版社出版

书号 ISBN 978-7-5216-3361-0　　定价：20.00 元

北京市西城区西便门西里甲 16 号西便门办公区

邮政编码：100053　　传真：010-63141600

网址：http://www.zgfzs.com　　编辑部电话：010-63141801

市场营销部电话：010-63141612　　印务部电话：010-63141606

（如有印装质量问题，请与本社印务部联系。）